弁護士の
紛争解決力
元裁判官による実践的ケースで学ぶ

髙世三郎

有斐閣
yuhikaku

本書のコピー、スキャン、デジタル化等の無断複製は著作権法上での例外を除き禁じられています。本書を代行業者等の第三者に依頼してスキャンやデジタル化することは、たとえ個人や家庭内での利用でも著作権法違反です。

はしがき

　以前，中欧のとある中世の街を訪れたときのことです。たたずむ家並みの中を導いてくれる石畳の道を歩き，にぎやかに行き交う人々とともに時空を超えた世界に浸った後，城の塔にたどり着き，狭いらせん階段を１段１段苦労しながら上ると，外には蛇行する川に抱かれるように囲まれている街並みが広がり，見事なパノラマを堪能することができました。城の塔を降りて曲がりくねった石畳の道を通って対岸の展望台にたどり着くと，先ほどまでいた城の塔の下に中世の世界が広がっていました。こうして，石畳の界隈と街の鳥瞰図が融合し，この街を訪れた楽しみと喜びは一段と大きなものになり，豊かな味わい深いものになりました。

　民事訴訟実務を生きる私たちは，日々目の前の仕事に取り組みながら法律実務家の腕を磨き，らせん階段を上りながら成長し，一段と力をつけ，細部まで行き届いた観察と分析をしながら全容を鳥瞰することができるようになり，細部を的確に位置付けながら妥当な解決の方向性，落ち着き先を見いだして，国民に，さらには社会に貢献する大きな楽しみと喜びを味わうことができるようになるのです。

　本書は，民事訴訟の実務経験はまだ十分ではないけれども紛争の妥当な解決に取り組んで人の役に立ちたい，社会正義の実現に貢献したいという意気に燃えて仕事に取り組んでいる若手の弁護士，既に実績は積んできたけれども更に腕を磨いてレベルアップしたいという中堅弁護士のために著しました。

　弁護士は，依頼者から相談を受け，いまだ全容が明らかになっておらず，混沌とした生の紛争に直面し，多くの場合たった１人で，事案の骨格をつかみ，法的に解決すべき問題をとらえ，適用される法規範を明らかにして解決に取り組まなければならない宿命を負っています。これを的確に行うには，問題把握能力と，判断枠組み解明力，調査分析能力及び問題解決能力とが必要ですが，これらは，いずれも真摯に仕事に取り組み，十分な量の，良質な実務経験を積み，思索を深めることにより培われる実務家に必須の基礎的能力です。本書では，これらの基礎的能力を一体のものとして紛争解決力と呼ぶことにします。若手弁護士は，意気に燃えていても実務経験がまだ不足しており，試行錯誤は不可避的で，仮に実際に経験するしかこれらの基礎的能力を培えないのであれば，長年月を要することになってしまいます。

この点で若手弁護士を支援したいと考えました。豊富な経験を積んだ実務家は，もとより若手弁護士に自らの経験をそのまま伝授することはできませんが，自らの経験を客観的に分析し，どのような事実に直面し，どう考えて取り組んだか，実務家として力を培う糧となっているのは何かを明らかにし，創意工夫により，経験したことを若手弁護士が真剣に考えることができるような題材に作り替えて提供し，その題材に取り組む若手弁護士が隘路に陥らずに成長の糧とすることができるように適切なアドバイスをすることはできます。若手弁護士は，実際の経験年数が多くなくても，主体的に，真剣にその題材に取り組むことにより，上記の紛争解決力（問題把握能力，判断枠組み解明力，調査分析能力及び問題解決能力）を培うことができます。

　本書は，このような問題意識に立つものであり，若手弁護士に対し活きた糧とすることができるように考案したケース（本書では以下「実践的ケース」又は単に「ケース」ということにします）を提供し，考えていくうえでの適切なアドバイスを提供することを目的とするものです。本書は，このような内容ですので，既に実績は積んできたけれども更に腕を磨いてレベルアップしたいという中堅弁護士にも役立つと思います。

　本書は，多忙で自由に使える時間が乏しい中堅若手弁護士に，例えば，朝の通勤電車の中など，少し時間があるときに，少しずつであっても継続して読んでもらうことを想定しています。断続的に読むため時間的に間が空くことを考えて記憶喚起のための工夫もしてあります。また，参照の便宜のために条文の文言や判例の説示した内容を引用しておきました。さらに，実践的ケースの解説は，原則として，当該ケースの解決に直結する解説を先行させ，より一般的な観点からの解説はその後に配置するように試みてみました。これは多忙で持ち時間が少ない読者をおもんぱかったためです。時間が足りない方は，興味がある部分だけでもお読みください。読みながら自問自答をすると効果的です。

　このささやかな書が中堅若手弁護士の紛争解決力の向上に役立てば幸いです。

　本書が出版されることになったのは，ひとえに龜井聡有斐閣雑誌編集部部長，浦川夏樹同雑誌編集部員のご尽力によるものです。ここに記して謝意を表します。

平成 28 年 10 月
髙世三郎

イラスト：小松悦子

目　次

はじめに──民事訴訟の役割と担い手の使命 …………………………… 1

民事訴訟実務における実際の仕事の仕方 ……………………………… 8

実践的ケースで学ぶ

○ Introduction──1．裁判所とのコミュニケーションの改善のために …… 13

◆実践的ケース1-1 ………………………………………………………… 15
　裁判所の「別の理論構成を検討する必要があるのではないか」という謎めいたメッセージから読み取るべきものは何か
　　──建物売買契約に手付を放棄して解約しても違約金として別途1000万円を支払わなければならない旨の特約がある場合の買主の違約金支払義務をめぐる紛争

◆実践的ケース1-2 ………………………………………………………… 27
　第1回口頭弁論期日に裁判所から「訴状には要件事実しか書いてありませんね。いったいどういう事実経過があるのですか」と尋ねられたら，語るべきことは何か
　訴状の請求原因事実にはどう記載すればよかったか
　　──事業者（請負契約の注文者）に事業用建物の建築資金を提供して事業利益の分配を受ける旨の合意をしていた者の請負代金残金支払義務の有無をめぐる紛争

◆実践的ケース1-3 ………………………………………………………… 39
　口頭弁論期日，弁論準備手続期日において，裁判官から，争点，争点に関する主張立証の方針・ポイントを説明してほしいと求められたら，語るツボは何か
　　──製造物供給契約に基づく製品の性能をめぐる紛争

◆実践的ケース3-2 ……………………………………………… 109
　共通の経済的目的を有する2人のうち1人が上記目的を達成するために自分だけの名義で第三者と契約を締結した場合に法的に解決すべき問題を整理して把握するために必要な視点は何か（その2）
　　──事業者（請負契約の注文者）に事業用建物の建築資金を提供して事業利益の分配を受ける旨の合意をしていた者の請負代金残金支払義務の有無をめぐる紛争

◆実践的ケース3-3 ……………………………………………… 117
　株式会社の役員等に対する損害賠償請求訴訟における経営判断の裁量論の壁を崩すものは何か
　　──会社が新商品の開発を依頼した取引先に無担保で2000万円の運転資金を融資したが，取引先が倒産し，回収不能となったことが代表取締役の善管注意義務違反に当たるかどうかをめぐる紛争

○ Introduction──4．判断枠組み解明力，調査分析能力を高めるために
　……………………………………………………………………… 128
◆実践的ケース4-1 ……………………………………………… 131
　法的に解決すべき問題が判例の射程内かどうかを検討する際に行うべき方法は何か
　　──建築基準法42条1項5号の規定による位置の指定を受け現実に開設されている道路を通行する次の者が「日常生活上不可欠の利益を有する者」に該当するかどうかをめぐる紛争──(1)事業の必要上2tトラックで県道と集落とを結ぶ幅員2m強の里道を日常的に通行する者／(2)位置指定道路に2m以上接する土地に自宅を建築して自家用車で出入りできるようにして通行していた者

◆実践的ケース4-2 ……………………………………………… 147
　上告審判決から事実認定に関するメッセージを読み取る秘訣は何か
　　──貸金業者との継続的金銭消費貸借取引に基づく約定の債務の存在を前提にした返還に関する合意が過払金返還請求権の帰趨も対象に含めた和解に当たるかどうかをめぐる紛争

○ Introduction──2. 論争を勝ち抜くために ……………………………………… 50
　◆実践的ケース 2−1 ……………………………………………………………… 53
　　契約の当事者が誰かを争う論争で勝利の鍵を握るものは何か
　　──資金融通を行っていた会社間で一方の借入金の一部が他方に供与されるにあたり締結された金銭消費貸借契約の当事者が誰か（会社間か経営者個人間か。それぞれに沿う覚書，金銭消費貸借証書あり）をめぐる紛争
　◆実践的ケース 2−2 ……………………………………………………………… 75
　　要式行為の要件該当性をめぐる論争でナビゲーターとなるものは何か
　　──遺言者の署名押印はあるが本文の筆跡が自筆かが争われている自筆証書遺言の効力をめぐる紛争
　◆実践的ケース 2−3 ……………………………………………………………… 85
　　保証契約の書面の一体性をめぐる論争で決め手となるのは何か
　　──保証人の署名押印が契約書本体との間に割印はない書面（リース契約書冊子の最終葉にセロテープを貼って継ぎ足された紙片）に存在する保証契約の効力をめぐる紛争

○ Introduction──3. 法的に解決すべき問題が何かを的確に把握するために
　…………………………………………………………………………………… 96
　◆実践的ケース 3−1 ……………………………………………………………… 99
　　共通の経済的目的を有する 2 人のうち 1 人が上記目的を達成するために自分だけの名義で第三者と契約を締結した場合に法的に解決すべき問題を整理して把握するために必要な視点は何か（その 1）
　　──夫婦が離婚して夫名義の住宅ローンの残債務を完済するために自宅を売却するに伴い解約された夫名義の長期火災保険契約の解約返戻金の帰属をめぐる紛争

○ Introduction──5. 問題解決能力を高めるために ………………………… 158
　◆実践的ケース 5 - 1 ………………………………………………………… 161
　　判例学説の隙間の論点を解決するのに必要な方法は何か（その 1）
　　　──所有者が詐欺により土地を売り渡したが詐欺による取消しをする前
　　　　に騙取した買主が善意の第三者に土地を転売し，当該土地の引渡し
　　　　が未履行である場合の法律関係をめぐる紛争
　◆実践的ケース 5 - 2 ………………………………………………………… 171
　　判例学説の隙間の論点を解決するのに必要な方法は何か（その 2）
　　　──危険物であることを告知しないで混載便の陸上運送に託した運送品
　　　　が発熱，燃焼したことにより発生した損害の賠償をめぐる紛争

結びに代えて──創造力を高めるために ……………………………… 186

索引──八方ふさがりのような状況に陥ってしまったと感じるとき
　　に打開する手がかりを探すために ……………………………… 192

凡　例

■ 裁判例の表示
本文（地の文）
　　例／最高裁昭和 58 年 10 月 7 日大法廷判決（民集 37 巻 8 号 1282 頁）
本文の括弧内
　　例／最大判昭和 58・10・7 民集 37 巻 8 号 1282 頁
＊引用頁の表示は，その判例集の通し頁とする。

■ 判決文・条文の引用
判決文・条文を「　」で引用してある場合は，原則として原典どおりの表記とするが，以下の点を変更している。また，解説文中では「　」を用いて判決文・条文の趣旨を書いているものもある。なお「　」内の〔　〕表記は執筆者による注であることを表す。
・漢数字は，成句や固有名詞などに使われているものを除き算用数字に改める。
・漢字の旧字体は新字体に改める。
・促音や拗音を表すひらがなは原文にかかわらず小書きとする。
・カタカナ表記で濁点・句読点の用いられていない判決文・条文について，ひらがな表記に改められたものや濁点・句読点が補われているものがある。

■ 判例集・法律雑誌・判例評釈書誌等の略語
民録……………………………………大審院民事判決録
民（刑）集……………………………大審院，最高裁判所民（刑）事判例集
裁時……………………………………裁判所時報
最判解民事篇平成（昭和）○年度
　　………………………………………最高裁判所判例解説民事篇平成（昭和）○年度
判時……………………………………判例時報
判タ……………………………………判例タイムズ
ジュリ…………………………………（月刊）ジュリスト
民商……………………………………民商法雑誌
金法……………………………………金融法務事情

近代訴訟のもっとも貴重で典型的な特質なのである。その意味するところは，裁判官の意思は，決して絶対至上のものではなく，常に当事者の意思と行為……に条件づけられている……ということである。同じことは，各当事者についてもいうことができる。つまり，各当事者の意思と行動は，訴訟においては終始，裁判官と相手方当事者の行為の刺激によって形成され条件づけられるのである」（P. カラマンドレーイ〔小島武司＝森征一訳〕『訴訟と民主主義』〔中央大学出版部，1976年〕105頁参照）。双方当事者と裁判所が，それぞれその役割を十分に果たし，当事者双方のストーリーが正しくとらえられ，事案の骨格が的確に把握されて法的に解決すべき問題が何かが的確に把握されることが，正しい争点把握，適正妥当な審理判断のために必要です。

　正しい事実認定に基づき，法に基づく正義にかなった民事裁判を実現するために当事者のために尽力しなければならないのは，第一次的には訴訟代理人弁護士です。そして，第一線の訴訟活動の主たる担い手である若手弁護士です。我が国の社会，経済，国民のニーズに真に答えるためには，若手弁護士の自己啓発に基づく紛争解決力の向上が必要不可欠です。したがって，大幅に増加した若手弁護士の紛争解決力向上の支援強化は，日本弁護士連合会及び単位弁護士会のみならず，司法全体の喫緊の課題となっていると言うべきでしょう。

2. 民事訴訟の役割と民事訴訟の担い手の使命

　社会に正しいルールが確立され，人々の間に浸透して遵守されることは，国民生活，経済，社会の安定的発展のために必要です。「訴訟法は，実質的には，裁判においてよき推論を行なう技術ではある。しかし，ここで，もしその技術が国家によって監視され，公権力によって定められる……とすれば，それは，つぎのような理由による。すなわち，この技術的な手続の究極的な目的が，国家のもっとも厳粛でかつもっとも崇高な職務，つまり国家が平和な社会生活を保障するための職務の遂行，換言すれば国家の基礎……である正義だからである」（カラマンドレーイ〔小島＝森訳〕・前掲5頁）。

　民事訴訟の担い手である裁判官，弁護士の使命は，社会の中で生起した紛争について法的に解決すべき問題が何かを的確に把握し，その問題を解決す

る法的ルール（裁判規範）を明らかにして適正妥当に具体的な紛争を解決することにあります。このようにして樹立された法的ルールは，当該個別紛争を超えて法的に解決すべき問題を同じくする他の紛争にも適用されることになり，時には我が国の経済，社会に大きな影響を与えるに至る事態も生じます。憲法訴訟，行政事件訴訟の中には訴訟の結果次第で政治的，経済的，社会的に大きい影響を及ぼすことになる事件が少なくありませんが，これらはひとまずおき，対象を通常の民事訴訟に絞っても，個別具体的な紛争解決の手段でありながら，時には我が国の経済，社会に大きな影響を与えることがあります。例えば，解雇権濫用の法理（最二小判昭和50・4・25民集29巻4号456頁，最二小判昭和52・1・31集民120号23頁）は，その後の訴訟実務だけでなく，我が国の経済，社会に大きな影響を与えました。業務処理請負契約に基づく他企業労働者を利用する形態が活用されたのはその一例ですが，度重なる労働法制の改正，展開にもつながりました。職業安定法と相まって労働力の需給の適正な調整を図るために労働者派遣事業の適正な運営の確保及び派遣労働者の保護等に関する法律（昭和60年法律第88号）が制定され，改正が行われた（直近の平成27年法律第73号による改正については，「〔特集〕労働者派遣法改正——新たな規制の枠組み」ジュリ1487号〔2015年〕を参照）ほか，いったん労働基準法の一部改正により同法18条の2において解雇権濫用の法理が明文化された後，労働契約法が制定されて16条に「解雇は，客観的に合理的な理由を欠き，社会通念上相当であると認められない場合は，その権利を濫用したものとして，無効とする。」と規定されるに至っています。このように，労働法制の展開の背景には，解雇権濫用の法理の存在があったと言うことができるでありましょう。解雇権濫用の法理は，この50年間において民事訴訟が明らかにした法的ルールとしては他に類がないほど我が国の経済，社会に大きな影響を与えたと言うことができます。

　民事訴訟の担い手である裁判官，弁護士の責任は重いと言わなければなりません。民事訴訟の担い手は，その使命を果たすために，日々具体的な事件に真摯に取り組み，自らを鍛え，紛争解決力を向上させて適正妥当に事件を解決する必要があります。裁判官，弁護士は，上記の使命を果たすために，

日々自己啓発に努め，個別の紛争について事案の骨格となる事実関係をとらえて法的に解決すべき問題が何かを的確に把握する問題把握能力を向上させ，その問題を解決する法的ルール（裁判規範）を明らかにする判断枠組み解明力を磨き，個別具体的な紛争を適正妥当に解決する問題解決能力を向上させる必要があります。

3. 民事訴訟の担い手の紛争解決力向上の支援方策

若手弁護士について言えば，必要なのは実務経験であり，経験に基づく真摯な考察です。豊富な実務経験を有する法曹が若手の法曹の紛争解決力向上を支援しようとしても，経験自体を伝授することはできません。自分の経験を話してみても，それだけではその意味を十分分かってもらえず，したがって，生きた糧とはしてもらえず，本人が同様の経験をしたときにはじめて，提供されていた情報の本当の意味が分かるということになりがちです。これに対し，若手弁護士に対して汎用性のある情報を含む事例を提供してまずは自らに考えさせ，当該事例に包含される構造的な問題を浮き彫りにするなどした上で，解決の具体的方法，プロセスを解説すれば，若手弁護士がこれを受け止め，吸収して業務の遂行に活かすことが期待できます。

豊富な経験を積んだ実務家は，自らの経験を冷静に振り返り，客観的に分析することにより，自分がどのような事実に直面し，どう考え，取り組んだか，実務家として力を培う糧となっているのは何かを明らかにし，その上で，創意工夫により，自分が経験したことを若手弁護士が真剣に考えることができるような題材に作り替えて提供し，その題材に取り組む若手弁護士が隘路に陥らずに成長の糧とすることができるように適切なアドバイスをすることはできるのであり，こうすることにより，若手弁護士の紛争解決力向上を大いに支援することができます。若手弁護士は，実際の経験年数が多くなくても，真剣にそのような題材に取り組むことにより，紛争解決力を培い，向上させることができます。筆者は，このような考えに基づいて本書を著してみました。なお，事実認定については，土屋文昭＝林道晴編『ステップアップ民事事実認定』（有斐閣，2010年）が既に存在し，その「第2部　演習問題編」では10の事例（演習問題）とその解題的な説明がされています（事

例〔演習問題〕では当事者の言い分，主張が摘示され，証拠が適宜掲載されています）。テーマは事実認定に限られていますが，同書刊行の趣旨目的とは相通ずる面があります。

本書は，筆者が長年の経験に基づき考案した実践的ケースについてどのように取り組み，検討していくかの方法を具体的に説明するものですが，この実践的ケースに即して具体的に検討する方法は，筆者が東京高裁民事部において陪席裁判官の紛争解決力向上を支援するために行っていた合議の方法にほかなりません。

この合議の方法により，多くの陪席裁判官が法律実務家としての腕を磨き，大いに実力を伸ばしてくれました。手ごたえは十分でしたので，この合議の方法は，裁判官に限らず，中堅若手の法曹にとって紛争解決力向上に効果的，かつ，汎用性のある方法であると考えています。

本書は，実践的ケースに即した検討を中心とするものですが，もとより実際の事件の合議の内容を伝えるものでは全くありません。中には筆者限りの個人的な見解を述べている箇所がありますが，合議を尽くし，自己の責任において正しいと考える自説を述べるという合議参加者の責任を果たすのと同様に，中堅若手の法曹の紛争解決力向上のために，多様な考え方があり得ることを示す目的で行っているものであり，自説を展開することを目的とするものでは全くないことをご理解いただきたいと思います（なお，本書の執筆にあたり裁判官当時のような恵まれた執務環境になく，著作権法上は問題なくても儀礼上引用しておきたいと思う文献等で引用できなかったものが一部ありますが，本書の目的等に鑑みてご容赦いただければ幸いです）。

4. 本書刊行の意義

高度に情報化し，根底から大きく変化しつつある現代社会において法曹が果たさなければならない役割はますます大きくなり，その責任は一層重くなっていきます。民事訴訟の担い手がその使命を果たすには，まず，基本として，1人ひとりが日々紛争解決力向上に努めてレベルアップしていかなければなりません。これこそが司法制度改革が国民にとって真に実り豊かなものになるための基礎になると考えます。

そのためには，豊富な経験を積んだ法律実務家が中堅若手の法曹に対して前記のような支援策を実践する必要があります。そうすることにより，中堅若手の法曹は，経験豊富な先達の経験に基づく汎用性のある良質の情報を成長の糧とすることができ，隘路に陥らずに紛争解決力を向上させることができるのです。本書の執筆にあたっては，具体的な実践的ケースに取り組む方法として，まず事案の骨格をとらえて法的に解決すべき問題は何かを把握し，判断枠組みを押さえて問題を解決していくプロセスとともに，全体の構造の中に問題を位置付け，細部まで行き届いた観察と分析をしながら全容を鳥瞰することができるようにする方法を読者に提示するように心掛けてみました。これは，筆者が裁判官当時に実践していた方法であり，読者がこの方法の有益性を実感できるようにすることを目指して叙述してみたものです。

　本書にいう紛争解決力は，法律実務家に必須の基礎的能力であり，紛争解決の手段が民事訴訟であるか，裁判外紛争解決手続であるか，交渉であるかを問わず必要なものであると考え，本書のタイトルを選択しました。

　民事訴訟の担い手が紛争解決力を磨いて使命を達成するために，本書が役立つことを心より願っています。さらに，豊富な経験を積んだ法律実務家が，汎用性のある良質の情報を包含する事例を考案して中堅若手の法曹に題材として提供する新たな契機となることができれば，望外の喜びです。

民事訴訟実務における実際の仕事の仕方

実践的ケースの検討に入る前に,実際の仕事の仕方についてアドバイスをしておきます。

1. 図を描いて考える

弁護士は,依頼者から相談を受け,いまだ全容が明らかになっておらず,混沌とした生の紛争に直面し,多くの場合たった1人で,事案の骨格をつかみ,法的に解決すべき問題をとらえ,適用される法規範を明らかにして解決に取り組まなければなりません。これを行うには,当事者が主張するストーリーを把握し,事案の骨格をとらえ,法的に解決すべき問題は何かを自問自答する必要があります。

そのためには図を描いて考えることが効果的です。思考過程を目に見える形にすることで,自分の考えを客観的に検討し,考えを広め,深めることができるからです。久恒啓一『図で考える人は仕事ができる』(日本経済新聞社,2002年)が提唱する方法が実際的であり,有益です。

この方法を活用してみましょう。図を描いて考えることで,事案の骨格と法的問題がどうかかわってくるのかが分かり,その事件で法的に解決すべき問題が明らかになります。同時にその問題を解決する法的判断枠組みも明らかになります。大切なことは,自問自答を繰り返し,自分の言葉で考えて,書き出してみることです。これを継続することによって実務で役立つ,考える力が培われます。

2. 図解して事件を因数分解する

何が問題なのか見当が付かない事件,複雑困難に見える事件こそ,図を描いて考えることが大切です。図を描いて考えれば,事件をいくつかの要素に因数分解することが可能になります。因数分解された個々の要素を検討するのは,決して難しくありません。

複雑困難に見える事件を因数分解するにはどうしたらよいでしょうか。そ

の事件でこれが気になる，これを調べなければならないのではないか，これがポイントかもしれないと思うような点を，何でもいいから紙に書き出してみるのです。大切なことは短い語句，文章で，自分の言葉で書き出すことです。書き出すことにより，自分の考えていること，悩んでいることを客観的に見ることができるようになり，更に考えることができるようになります。悩んでいるより，手を動かす方が解決につながります。

　実践的ケースの解説では，図を描いて考える方法を実践していますので，参考にしてください。

3. 条文にあたり法的根拠を必ず確認する

　実務経験を積めば積むほどリーガルマインドに頼りがちですが，法的に解決すべき問題に取り組む際は，手間を惜しまず，必ず条文にあたり法的根拠を確認するように習慣付けることが大切です。若手弁護士であれば，さらに，自分が読み込んだ教科書の該当箇所を広めに読み直すように鋭意努めてください。これを続けていれば，大きな財産を築くことになります。

4. 立証のポイントは客観的合理的な根拠を探求することにある

　争いのある事実について立証するには事実の存在を裏付ける客観的合理的な根拠を探求することが必要です。

　裁判所が事実認定をするには証拠の証明力を吟味することが不可欠であり，その証拠の証明力を支える客観的合理的な裏付けがあるかどうかを検討します。裁判所は，当事者が主張するストーリーを明確にし，争点判断の基礎となるべき動かし難い事実を押さえ，その時系列，土俵に当事者が主張するストーリーをはめ込んでみて，動かし難い事実と整合するかどうかを吟味します。そのストーリーどおりだとすると，すっきり説明が付かない事実がいくつか出てくることがあります。別々に切り離してみると，1つひとつはすっきりしないとはいえそれなりに説明がされていて通りそうだと思えても，少しずつおかしいと感じることがいくつも継時的に起きたことになると，全体としてこれではおかしいと感じられることになります。それはそのストーリーが真実を語っていないからであると考えるのが合理的であるということ

になるのです（賀集唱「民事裁判における事実認定をめぐる諸問題」民事訴訟雑誌16号〔1970年〕49頁以下）。これが豊富な実務経験を有する裁判官が行う事実認定の方法です。したがって，訴訟代理人弁護士としては，争いのある事実について立証するには事実の存在を裏付ける客観的合理的な根拠を探求することが必要になるのです。

訴訟では人間の営み（行為）そのものが対象となります。人間の営み（行為）は，当該行為にかかわる客観的諸条件の下で行われるのであり，これらによって制約を受けます。客観的諸条件には目に見えるものも見えないものもあります。このように，事実認定をするには，①合目的的な人間の営み（行為）という主観面と，②当該行為にかかわる客観的諸条件という客観面との両面を見る必要があり，しかも，③両者を相互に関連付けてとらえる必要があります。その際，そのような客観的諸条件の下で，普通の人ならどのような行動を取るのが自然かを考え，これを視点として証拠や事実を見ていくことが有益です。

これらを行うには，時系列表を作成したり，図を描いて考えたりするという地道な努力を重ねる必要があります。

5. 時系列表を作成して事実の流れを視覚化する

上記1及び2のとおり，頭の中で考えていることを図に描いて考えるほか，一見バラバラの事実の羅列と思われる出来事を時系列表に摘示して整理することによって事実の流れを目に見える形にすることができます。図を描いて考えるとともに，時系列表を作成して事実の流れを視覚化すれば，自問自答して検討，考察の幅を広げ，深めることができるようになります。

6. 問題を適切に位置付ける

実務で具体的な問題について検討するにあたって大切なことは，まず，問われている問題の意義が何かを考え，その問題をめぐる全体的な構造をとらえてその中にその問題を適切に位置付けることです。これを実践するには基礎的なトレーニングが必要であり，上記1～5がこれに当たります。上記1～5を行いながら，その問題をめぐる全体的な構造を考えてその中にそ

の問題を適切に位置付けるようにしてください。

7. 事件ごとに必携を作る

　事件ごとにファイルを作るのは当たり前ですが，更に必携を作るようにします。手控えに事案の骨格，ポイントを摘示しておくとともに，重要な書証等の写し（抜粋）から成る必携を用意するのです。折に触れてこれらを読み込み，法廷に臨む際にはこれらを持参して瞬時に記憶喚起することができるようにしておきます。これを繰り返すことによって事案の骨格をとらえ，事件のポイントをつかむ力を習得することができます。

　法律実務家としての基礎力は，最も効果的な事務処理の方法を身に付けて日々実践していくことによって着実に養成されていきます。

8. 真剣な議論をする同僚をみつける

　上記1から7までを実践するとともに，真剣な議論をすることができ，かつ，信頼できる同僚をみつけておくことも必要です。チームを組んで訴訟に取り組むことができるときはもとより，自分1人で訴訟に携わるしかない場合であっても，守秘義務に違反しない限度で，信頼できる同僚と是非，真剣な議論をするようにしましょう。お互いにとって得るところが大きいと思います。

Introduction

1. 裁判所とのコミュニケーションの改善のために

　ここでは，訴訟代理人弁護士が裁判所とのコミュニケーションを円滑にするにはどうしたらよいのか，その方法を考えてみたいと思います。実践的ケース1-1から1-3までの位置付けを図示すれば，次のとおりです。

図：実践的ケース1-1から1-3までの位置付け

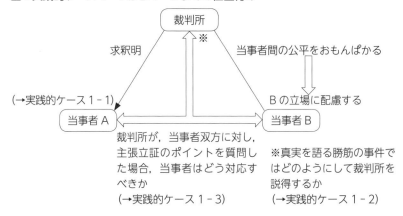

(1)　訴訟代理人を務めた経験のある弁護士から，口頭弁論期日，弁論準備手続期日で裁判官の発言を聴いていても，何を考えているのかよく分からなかったという声を耳にすることがあります。実践的ケース1-1ではそういう場面の1つを取り上げ，謎めいた求釈明がされた場合に訴訟代理人弁護士が裁判所の意図をどう読み取って対応すべきかについて考えてみます。

(2)　審理が始まった段階では当事者と裁判所とでは事件についての情報量に大きな差があります。実践的ケース1-2，1-3では，裁判所をどう説得するか，主張立証のポイントを説明するかについて考えてみます。

(3)　それでは，それぞれ具体的なケースに即してこれらについて考えてみましょう。

実践的ケース 1-1

裁判所の「別の理論構成を検討する必要があるのではないか」という謎めいたメッセージから読み取るべきものは何か

建物売買契約に手付を放棄して解約しても違約金として別途1000万円を支払わなければならない旨の特約がある場合の買主の違約金支払義務をめぐる紛争

Summary

　裁判所が当事者の一方に訴訟の帰趨を左右する攻撃防御方法の重要な変更を促すことは，例外的な措置である。裁判所は，当事者主義の原則の下，公平を旨とするから，この例外的な措置を採るときは，言葉少なに慎重な言い方をし，当事者が自ら考えて適切に主張立証することを期待する。時に裁判所のメッセージが謎めくのはこのためである。訴訟代理人弁護士は，戸惑いを感じても冷静に裁判所の立場に立って考えてみれば，その真意が見えてくるから，何をなすべきかを考えて適切に主張立証する必要がある。

Introduction

　訴訟代理人弁護士として口頭弁論期日や弁論準備手続期日に臨んだときに，裁判官からそれまで考えていなかったことを突然指摘されて戸惑ったり，何を求められているのかよく分からないで困ったりした経験をしたことはありませんか。よく分からないからといって放置していたり，対応を誤ったりすると思わぬ結果になりかねませんから，裁判所の意図を見抜いて適時に適切に対応する必要があります。このことを**ケース**に即して考えてみましょう。

ケース

1　A社は，IT関係の事業所を開くためにB社（宅地建物取引業者ではない）から事務所用建物（以下「本件建物」という）を代金3000万円で購入することにし，B社に手付500万円を交付して建物売買契約（以下「本件売買契約」という）を締結したが，ある事情により本件売買契約を解除することにし，当事者の一方が契約の履行に着手する前であったことから，B社に手付を放棄して本件売買契約を解除する旨の意思表示をした。B社は，別の買主を募集し，本件売買契約の解除の日から3か月後にCとの間でCに本件建物を3300万円で売り渡す旨の売買契約を締結し，Cから代金の支払を受けた。

2　本件売買契約においては，当事者の一方が契約の履行に着手する前であっても，買主が手付を放棄して本件売買契約を解除する場合には，買主は，売主に対し，手付を放棄するほか，違約金として別途1000万円を支払わなければならず，売主は損害の証明をすることを要しないとする旨の特約（以下「本件特約」という）があった。

3　B社は，A社に対し，本件特約に基づき，1000万円及び遅延損害金の支払を求めて提訴した。

　A社の訴訟代理人弁護士は，本件売買契約締結に至る経緯を見れば本件特約は買主による解除後に本件建物が値下がりした場合にその損害賠償の額を予定したものと解すべきであり，本件のように売主が他の買主に代金額を下げることなく売却することができたときには適用がないと主張して

争った。

4 上記の争点について双方で準備書面の応酬と担当者の陳述書を含む書証の提出がされた後，裁判所は，弁論準備手続期日において，A社の訴訟代理人弁護士に対し，「別の理論構成を検討する必要があるのではないか。次回期日より前に準備書面を提出されたい」と述べた。

同弁護士は，本件建物が値下がりした場合にその損害賠償の額を予定したものと解すべきであるという上記主張がこのままでは不十分であり，この主張を根拠付ける事実をもっと補充することを求められたものと理解し，従前の主張を補充する準備書面を提出した。すると，裁判所から，「A社の上記準備書面は権利濫用の抗弁を包含する趣旨のものであるか」という内容の「期日外釈明」と題する書面がファクシミリ送信されてきた。

5 A社の訴訟代理人弁護士が次のような対応をしたとして，各措置はそれぞれ適切か。

(1) 書記官室に電話をかけて，裁判所が何を求めているのかを教えてほしいと依頼する。
(2) 裁判官との面談を求める。
(3) 裁判所宛に「貴見のとおりなので，その旨上申します」と記載した上申書を提出する。
(4) 「上記準備書面は権利濫用の抗弁を包含する趣旨のものである」と記載した「期日外釈明に対する回答」と題する準備書面を提出する。

解説

1 **ケース**の事実関係を図示すれば**図1**のとおりです。併せて，**ケース**の論点の検討のための図解も**図2**に示します。

2 **ケース**で，裁判所が，弁論準備手続期日において，A社の訴訟代理人弁護士に対し，「別の理論構成を検討する必要があるのではないか。次回期日より前に準備書面を提出されたい」と述べたのは，民事訴訟法149条1項（「裁判長は，口頭弁論の期日又は期日外において，訴訟関係を明瞭にするため，事実上及び法律上の事項に関し，当事者に対して問いを発し，又は立証を促すことができる。」）に基づく「求釈明」に当たります。また，

図1：ケースの事実関係

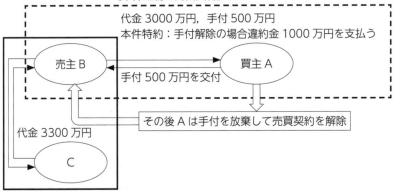

図2：ケースの論点の検討のための図解

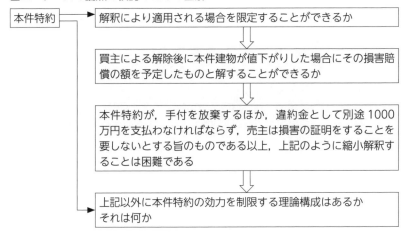

裁判所から，「A 社の上記準備書面は権利濫用の抗弁を包含する趣旨のものであるか」という内容の「期日外釈明」と題する書面がファクシミリ送信されてきたのは，同項に基づく期日外の釈明権の行使（「期日外釈明」）に当たります。なお，当事者は，口頭弁論の期日又は期日外において，裁判長に対して必要な発問を求めることができます（同条 3 項）が，当事者が同項に基

づいてする申立ては「求釈明の申立て」といいます。

　求釈明には誤記の訂正を求めたり，文章の欠落を指摘したりする軽いものから，訴訟の帰趨を左右するような攻撃防御方法の重要な変更（同条4項は，裁判長又は陪席裁判官が，口頭弁論の期日外において，攻撃又は防御の方法に重要な変更を生じ得る事項について1項又は2項の規定による処置をした場合における相手方への通知義務を定めている）に関わるものまで様々なレベルのものがあります。ここでは攻撃防御方法の重要な変更に関わる求釈明を取り上げます。

3　**ケース**のように，裁判所から求釈明を受けたが，受けた側では裁判所がどのような意図で何を求めているのかよく分からないことがあります。それまで当事者が主張していなかった攻撃防御方法を示唆するような重要な変更に関わる求釈明がされた場合，これをする側（裁判所）はその論点について十分検討して問題意識を鮮明にしていますが，受け手（求釈明を受ける当事者）はそれまで行ってきた主張立証の枠組みの中から抜け出すのは容易なことではなく，唐突にされた求釈明に面食らうのも無理はありません。まして，裁判所は弁論主義，当事者間の公平に留意して慎重な言い方で求釈明をすることが少なくありませんから，発信する側の問題意識はなかなか受け手には伝わりにくいものなのです。

　ケースでは，A社の訴訟代理人弁護士は，弁論準備手続期日において裁判所から「別の理論構成を検討する必要があるのではないか」という求釈明を受けました。この言葉からはそれまでの主張立証が不十分であるという認識が示されたことは分かりますが，具体的にどうしたらいいのかは分かりません。謎をかけられたようなものです。それまで，A社の訴訟代理人弁護士は，本件特約をその趣旨目的に照らして合理的に縮小解釈すべきであるとする主張を展開していました。そういう中で裁判所から「別の理論構成を検討する必要があるのではないか」という求釈明を受けましたが，裁判所の意図を図りかねるところがあったのでしょう。A社の訴訟代理人弁護士は，それまでの主張立証を補充する必要があると指摘されたものと考え，従前の主張を補充する内容の準備書面を提出しました。しかし，これでは裁判所が「別の理論構成」にまで言及したこととマッチしません。果たして，その後，

裁判所から「A社の上記準備書面は権利濫用の抗弁を包含する趣旨のものであるか」という期日外釈明がありました。ここに至って，裁判所が示唆した別の理論構成とは権利濫用の抗弁であったことが判明したわけです。本件特約は，手付を放棄するほか，違約金として別途1000万円を支払わなければならず，売主は損害の証明をすることを要しないとする旨のものですから，裁判所は，縮小解釈することは困難であると考えたものと推測されます（**図2**参照）。

　翻って，求釈明をした裁判所の立場に立って考えてみましょう。事実審が権利濫用の抗弁を採用して請求を棄却するのは，伝家の宝刀を抜くようなもので，極めて例外的です。したがって，当事者が主張していないのに，裁判所が当事者に権利濫用の抗弁を提出するよう促すというのは，よくよくの場合なのです。**ケース**では，裁判所はそれまでの主張立証では請求を棄却することはできないが，当該事案では請求を棄却するのが妥当であると考えたものと見て差し支えありません。それだけに，裁判所としては，当事者間の公平を損なわないように細心の注意を払うのであり，相手方当事者のことをおもんぱかりますから，率直なものの言い方はできないのです。「別の理論構成を検討する必要があるのではないか」という言葉にとどめた背景にはこのような事情があるのです。

4　それでは，A社の訴訟代理人弁護士がどう対応すべきかについて考えてみましょう。裁判所がここまで求釈明した以上，A社の従前の主張は採用されない可能性が大きいと考えられます。しかし，裁判所は，請求を棄却するのが相当であると考えており，そのための新たな理論構成が採られて主張立証がされることを期待しているのです。そして，前記のとおり，それが権利濫用の抗弁であることが判明しました。したがって，A社の訴訟代理人弁護士は，権利濫用の抗弁を主張する必要があります。裁判所が最初は「別の理論構成を検討する必要」に言及し，次いで「準備書面は権利濫用の抗弁を包含する趣旨のものであるか」という漠然とした言い方で求釈明してきたのは，対立当事者間の公平をおもんぱかっているのであり，率直なものの言い方ができなかったのだということに気がつけば，それでは自分は何をすべきなのかを改めて考えなければならないことにも思いが至るでしょ

う。

　ロースクールや司法修習で学んだ要件事実の考え方を当てはめれば，権利濫用の抗弁を主張する以上，これを基礎付ける具体的事実を主張してB社の請求が権利の濫用に当たるとの評価を根拠付ける必要があります。すなわち，①A社は，B社に対し代金3000万円の6分の1に及ぶ手付500万円を交付しており，手付を放棄して本件売買契約を解除したという事実があるのであって，これによれば相手方に通常生じ得る損害は放棄した手付で補填されると考えられること，②本件売買契約締結に至る経緯を見れば，買主による解除後に本件建物が値下がりすることを想定してその損害賠償の額を予定することを主眼として本件特約がされたものであるといえること，③本件特約の文言，とりわけ「違約金として別途1000万円を支払わなければならず，売主は損害の証明をすることを要しない」とする文言によれば形式的にはA社に本件特約に基づく違約金支払義務があるとしても，本件のように売主であるB社が他の買主Cに本件売買契約に比して代金額を下げることなく売却することができたときにまでA社に対して本件特約に基づく違約金の支払を求めることを容認すれば，B社は過大な利益を得る結果となり，不当であること，このようなことを主張することになると考えられます。A社の訴訟代理人弁護士の従前の主張は，本件特約の上記文言と抵触するためにそのまま採用することは困難ですが，実質論としてはうなずけるものがあり，権利濫用の抗弁の契機となり得るものです。裁判所が前記の経過で求釈明をしたことには，このことが働いていることは疑いがありません。A社の訴訟代理人弁護士は，B社の本件特約に基づく違約金の支払請求が権利の濫用に当たることを具体的に根拠付けるものとして上記のような内容の準備書面を作成して提出するとともに，この点の立証準備に取り組むのが相当でしょう。

5　そこで，**ケース**の**5**の各小問について検討してみましょう。

　(1) **ケース**の**5**の(1)のように依頼すれば，書記官は裁判官に取り次いで意向を確認してくれますが，上記のような事情がありますから，裁判官が中身を答えるよう指示したり，自ら教えたりすることはないと考えられ

ます。この方法では目的を達成することはできません。
(2) **ケース**の５の(2)も，裁判官に会ってもらえないか，仮に会うことができたとしても求釈明の内容を繰り返されるにとどまると考えられます。
(3) **ケース**の５の(3)は，このような場合に上申書を提出するということ自体がそもそも不適切であり，裁判官から，この弁護士は主張立証の基本が分かっていないと思われかねません。不相当な方法です。
(4) **ケース**の５の(4)は，文書の形式はよいのですが，回答内容は全く不十分です。上記４のとおり，権利濫用の抗弁を基礎付ける具体的事実を主張してＢ社の請求が権利の濫用に当たるとの評価を根拠付ける必要があります。

6 権利濫用の法理は伝家の宝刀とも言うべきものですが，最高裁判所は，原審の判断を是認することができないとして原判決を破棄する一方で，当該事件の妥当な解決を図るために，請求等が権利の濫用に当たり許されないことがあり得るとして権利の濫用に当たるかどうかの審理を尽くさせるために事件を原審に差し戻すことがあります（例えば，最一小判平成22・4・8民集64巻3号609頁）。本件でも権利の濫用に当たるかどうかを審理することなくＢ社の請求を認容する判決をし，控訴審も控訴棄却の判決をすれば，最高裁判所が破棄差戻しの判決をする可能性が大きいと考えられます。それでは，当事者双方に余計な時間と手間をかけさせることになります。**ケース**では裁判所はそのことを考えて期日外釈明をしたものと思われます。

7 裁判所は，当事者主義の下で当事者間の公平を害することがないように細心の注意を払っており，一方の当事者に主張立証すべきことを直截に教えるような求釈明をすることはできません。しかし，権利濫用の抗弁について審理しないまま判決をすると，最高裁判所が審理不尽の違法があるとして破棄差戻しをすることになると考えられる場合には，権利濫用の抗弁の主張立証を促す求釈明をするだけの合理的な理由があると言えます。したがって，**ケース**で求釈明をした裁判所の措置は相当であると言えますが，それでも裁判所としては当事者間の公平を考えて可能な限り控え目な示唆をするにとどめたいと考えるものです。そこで，裁判所は，別の理論構成が必要であることを示唆すれば気づいてくれると期待したものと推測されますが，

期待どおりには事が運ばなかったため,「A社の上記準備書面は権利濫用の抗弁を包含する趣旨のものであるか」という期日外釈明をしたものと考えられます。これは，A社の訴訟代理人弁護士が抜本的な見直しをする必要があることに気づいて自ら積極的に必要な主張立証をすることを期待する苦肉の策であったと思われます。

　裁判所のこのような立場を推察することができれば，謎をかけるような言葉からもその意図を読み取って何をすべきかを改めて考えることができるようになります。顔の表情等から相手の考えを読み取る読心術も必要ですが，民事訴訟の場では相手の立場に立って考えれば，色々なことが見えてきます。**ケース**で裁判所が本件特約の合理性，相当性に関心を抱いたことは間違いないだろうと思います。手付を放棄して解約しても違約金として別途1000万円を支払わなければならない旨定める特約は，経験を積んだ法律実務家の感覚からは少なからぬ違和感があります。他方，本件特約は，売主が損害の証明をすることを要しないとすることまで定めているもので，ここまできっちり書いてあると，A社の訴訟代理人弁護士が主張する縮小解釈をすることは困難です。裁判所は，この隘路を乗り越えるには伝家の宝刀を抜くしかないと考えたのであろうと考えられます（**図2**参照）。このことに気づけば，裁判所の求釈明の意図も読み取りやすくなります。

　ケースで裁判所の求釈明の意図を読み取るためにしなければならないことは，結局，法的に解決すべき問題が何か，これを解決する判断枠組みが何かを検討することにほかならないのです。

8　**ケース**については以上のとおりですが，当事者主義と裁判所の求釈明の在り方との関係は，民事訴訟の在り方にもかかわる理論的にも実務的にも重要な問題です。読者の皆さんも折に触れて考えてみてください。参考のために，民事訴訟実務の実情を鳥瞰図的に見ておきましょう。

　当事者主義と裁判所の求釈明の在り方の関係については，社会，経済の変化，時代の変化等に応じて様々なバランスのとり方があり得るのであり，不変のものではありません。攻撃防御方法の重要な変更に関わる求釈明（民事訴訟法149条4項）を行うことができること自体は同条4項からも明らかですが，個別具体的な事件，事項に応じて，これをどこまで，どのような方法

で行うかは，熟慮を要する事柄です。この点に関しては学説の研究成果があり，個別の論点については最高裁判所の判例があります。訴訟を運営する裁判官によって，個人差も少なからずあります。それを前提にした上で実務の大雑把な傾向を個人的感覚に基づいて述べるならば，筆者は，司法制度改革以来，社会，経済の変化，時代の変化等を踏まえて，当事者主義，当事者の自己責任をより重視する方向に流れが向かっているように感じてきました。国民1人ひとりが他人任せにせず，自己の責任をもって公権，私権を行使し，自分の権利，生活を守ることは現代の日本社会における大きな潮流と言えますから，上記の司法の潮流もその一環と位置付けることができます。

　民事訴訟における上記の潮流についてはその後諸事情の変化があり，2014年ころからは詐欺的金融商品取引等の「嘘付きの争い」（坂井・後掲参照）型の事件についての1審の審理判断に触れると，筆者は心強く感じるようになりました。もっとも，詐欺的金融商品取引等の「嘘付きの争い」型の事件は，もともと当事者主義の例外として裁判所の真相究明に向けた釈明権の行使が積極的にされるべきものであり，現にされているものと位置付けることができます。したがって，この類型の事件についての1審の審理判断だけを見て，前記の全体の流れが変化したものと即断することは相当ではありません。今後の動向は予断を許さないとはいえ，前記のとおり，現代の日本社会における大きな潮流を考えれば，前記の司法の潮流もまた基本的には変わらないものと考えられます。この潮流の下では，**ケース**のように必要な求釈明を行わなければ上告審で審理不尽を理由に破棄差戻しの判決がされることになるなど，上告審の審理判断のために行う必要がある場合その他の合理的理由のある場合に，当事者主義の例外として裁判所の釈明権の行使が積極的にされることになるものと考えられます。

　基本的人権を擁護し，社会正義を実現することを使命とし（弁護士法1条1項），民事訴訟実務において勝つべき当事者を勝たせなければならない立場にある訴訟代理人弁護士としては，上記のような当事者主義，当事者の自己責任をより重視する方向を目指す潮流を念頭におき，遺憾なく自己責任を果たすことができるように適切に対応していく必要があります。

　○参考：坂井芳雄「裁判する心」判タ528号（1984年）11頁以下

「この争点判断の目的は，真相を見抜くところにあります。嘘付き側の当事者は何とかして裁判所を騙そうと全力を傾け，正直者の当事者は裁判所が嘘付きに騙されはせぬかとハラハラしながら応戦している。このような局面において嘘付きにコロリと騙された判決は，有害無益であって，司法に対する国民の限りない不信を招くのであります。敗訴した正直者の方の当事者は，この判決が誤判であることを自己の体験を通じて熟知しているわけですから，たとい上告審まで行って敗訴した場合でも決して納得しないでしょう。」(13頁)

まとめ

　裁判所のメッセージ（求釈明）は分かりにくいことがある。例えば，裁判所が権利濫用の抗弁を提出することを促すときには，慎重なものの言いようになるので，分かりにくい。そういう場合には，なぜ，そういうメッセージを送っているのか，冷静に，裁判所の立場に立って考えてみよう。そうすればその真意が見えてきて，適切に対応することが可能になる。

　あらかじめ法的に解決すべき問題が何かを十分検討していると，判断枠組みについても考察の幅が広がり，分かりにくいメッセージであっても，裁判所の求釈明の意図も読み取りやすくなる。

　忘れてはならないことは，裁判所から求釈明があっても，民事訴訟の主役は当事者であり，当事者主義の原則は動かないことである。訴訟代理人弁護士は自己の責任の下に何をなすべきかを考えて適時に，かつ，適切に主張立証する必要がある。裁判所から求釈明があったときは，状況に応じ，権利濫用の抗弁の可能性を含めて様々な可能性を考えて十分検討し，自己の責任において何を主張立証すべきか選択し，決定する必要がある。

　ケースでは，裁判所から「A社の上記準備書面は権利濫用の抗弁を包含する趣旨のものであるか」という内容の期日外釈明がされた。このように権利濫用の抗弁について事実審が求釈明することは例外的であるが，権利濫用の抗弁について求釈明せず，審理しないまま判決をすると，最高裁判所が審理不尽の違法があるとして破棄差戻しをすることになると考えられる場合に

は，権利濫用の抗弁の主張立証を促す求釈明をすることがある。

ケースでは，上記期日外釈明を受け，概要次のように権利濫用の抗弁を基礎付ける具体的事実等を主張し，Ｂ社の請求が権利の濫用に当たるとの評価を根拠付ける必要がある。

① Ａ社は，Ｂ社に対し代金3000万円の6分の1に及ぶ手付500万円を交付しており，手付を放棄して本件売買契約を解除したという事実がある。これによれば相手方に通常生じ得る損害は放棄した手付で補塡されると考えられる。

② 本件売買契約締結に至る経緯をみれば，買主による解除後に本件建物が値下がりすることを想定してその損害賠償の額を予定することを主眼として本件特約がされたものであるといえる。

③ 本件特約の文言，とりわけ「違約金として別途1000万円を支払わなければならず，売主は損害の証明をすることを要しない」とする文言によれば形式的にはＡ社に本件特約に基づく違約金支払義務があるとしても，本件のように売主であるＢ社が他の買主Ｃに本件売買契約に比して代金額を下げることなく売却することができたときにまでＡ社に対して本件特約に基づく違約金の支払を求めることを容認すれば，Ｂ社は過大な利益を得る結果となり，不当である。

Ａ社の訴訟代理人弁護士は，Ｂ社の本件特約に基づく違約金の支払請求が権利の濫用に当たることを具体的に根拠付けるものとして上記のような内容の準備書面を作成して提出するとともに，この点の立証準備に取り組むのが相当である。

実践的ケース 1-2

第1回口頭弁論期日に裁判所から「訴状には要件事実しか書いてありませんね。いったいどういう事実経過があるのですか」と尋ねられたら，語るべきことは何か
訴状の請求原因事実にはどう記載すればよかったか

事業者（請負契約の注文者）に事業用建物の建築資金を提供して事業利益の分配を受ける旨の合意をしていた者の請負代金残金支払義務の有無をめぐる紛争

Summary

　十分な実務経験を積んだ裁判官は，各当事者が主張するストーリーをとらえて事案の骨格をなす事実関係を把握しようとする。訴訟代理人弁護士としては，事案の骨格をとらえて法的に解決すべき問題が何かを的確に把握した上で，裁判所に書面でも口頭でも事案の骨格をなす事実関係を分かりやすく説明するようにすることが相当である。殊に，真実で裏打ちされた勝筋の事件であれば，早期にストーリーを明確にする主張立証をして裁判官をストーリーの世界に引き込むことが相当である。

Introduction

　第1審の民事訴訟実務では，以前から早期に争点を明確にして効率的に審理を行うことが標榜されていますが，現行の民事訴訟法制定当時と現在とでは運用の実質が変化しているという声もよく耳にします。事案の実相を踏まえた判断をするには，事案の骨格をつかみ，法的に解決すべき問題を的確にとらえて，その中に争点を位置付ける必要があります。これを行うためには実際には何が必要か，どうすれば十分目的を達成することができるか，訴訟代理人弁護士はどうすべきかについて，**ケース**に即して考えてみましょう。

ケース

1 　A社（工事請負業者）は，Cと建物建築工事請負契約を締結して施工中，Cが工事請負代金を支払わなくなったので，未払工事請負代金の回収に苦慮していた。A社は，BがCに工事資金を提供していたという情報を入手し，Bに対して未払工事請負代金の支払を求めた。

　すると，Bは，A社に対し，それまでに発生し，Cが支払っていなかった工事請負代金を支払い，工事の続行及び完成を求めた。

　そこで，A社は，以後の工事についてもBが代金を支払うものと信じて工事を行い，完成させたが，Bは工事請負残代金を支払わなかった。なお，A社とBとの間では書面は取り交わさなかった。

　Bは，A社とCが建物建築工事請負契約を締結するより前に，Cとの間でCが建築する建物で営むスポーツジムに出資をし，その事業から生じる利益を分配することを合意していた。

2 　A社は，弁護士を訴訟代理人に選任した上，Bを被告とし，A社とBとの間で建物建築工事請負契約が締結されたと主張して，同請負契約に基づき，工事請負残代金の支払を求めて提訴した。

　Bの訴訟代理人弁護士は，A社とBとの間で建物建築工事請負契約が締結された事実を否認して争った。

3 　上記1の事実関係の下で，A社の訴訟代理人弁護士が下記(1)の請求原因を記載した訴状を作成した場合と下記(2)の請求原因を記載した訴

状を作成した場合とを比較し，それぞれに応じて以後の審理がどのように展開していくか見通しを立てよ。

(1) 訴状記載の「請求原因事実」（要件事実に該当する具体的事実のみ記載したもの）

　ア　原告A（請負業者）は，平成○年△月◇日，被告Bとの間で別紙物件目録記載の建物を建築する工事請負契約を締結した。

　イ　原告Aは，同年■月☆日，同建物を建築して被告Bの履行補助者Cにこれを引き渡した。

　ウ　よって，原告Aは，被告Bに対し，上記請負契約に基づき，工事代金□◇◎万円の支払を求める。

（別紙省略）

(1)-2　答弁書記載の「請求原因事実に対する認否」

　ア　請求原因ア及びイの事実はいずれも否認する。

　イ　同ウは争う。

　ウ　被告Bは，Cに融資をしていただけであり，原告Aと工事請負契約を締結した事実はない。

(2) 訴状記載の「請求原因事実」（ストーリーを伴う請求原因事実）

　ア　原告A（請負業者）は，Cと別紙物件目録記載の建物を建築する工事請負契約を締結して施工中，Cが工事代金を支払わなくなったので，被告BがCに工事資金を提供していたという情報を入手し，被告Bに対して未払代金の支払を求めた。

　イ　すると，被告Bは，原告Aに対し，それまでに発生していた未払代金を支払い，工事の続行及び完成を求めた。

　ウ　そこで，原告Aは，以後の工事についても被告Bが代金を支払うものと信じて工事を行い，完成させた。なお，書面は取り交わさなかった。

　エ　被告Bは，原告AとCとが建物建築工事請負契約を締結するより前に，Cとの間でCが建築する建物で営むスポーツジムに出資をし，その事業から生じる利益を分配することを合意していた。

　オ　以上によれば，被告Bは工事の途中に原告Aとの間で上記建物を建築する工事請負契約を締結し，もってCの請負契約上の地位を承継したか，その請負代金債務を重畳的に引き受けたと言うべきで

ある。

(別紙省略)

(2)-2 答弁書記載の「請求原因事実に対する認否」

ア 原告Aの主張アの事実，イの事実，ウの事実のうち原告Aが工事を完成させたこと及びエの事実は認め，ウの事実のうちその余の事実は不知，オは争う。

イ 被告Bは，Cに融資をしていただけであり，途中で原告Aに未払代金を支払ったのも，あくまでC名義で支払っている。注文者は終始Cであり，途中から被告Bが注文者になったことはない。被告Bが原告Aに対し工事の続行及び完成を求めたことは認めるが，原告Aに対して直接工事代金を支払うことを約束したことはない。建物建築工事請負契約及び変更契約については書面を作成する必要がある（建設業法19条1項・2項）のに，原告Aと被告Bとの間では何ら書面が取り交わされていない。このことは，被告Bが注文者になったことがない何よりの証左である。

解説

1 裁判所が事案の実相を踏まえた，納得できる判断をするには，事案の骨格をつかみ，法的に解決すべき問題を的確にとらえ，その中に争点を位置付けて審理判断する必要があります。**ケース**は，事案の骨格との関係で訴状の請求原因事実に何をどこまで摘示するかを十分検討する必要があることを考えるためのものです。事案の骨格と争点の位置付けとの関係を図示すれば，**図1**のとおりです。**ケース**の事実関係も**図2**に図示します。

2 経験を積んだ裁判官は，**ケース**の3の(1)のように，建物建築工事請負契約に基づく請負代金支払請求の要件事実に該当する具体的事実のみが簡潔に記載されている訴状を読むと，請負人（原告）の訴訟代理人弁護士がこの程度の記載で足りると考えて訴状を提出したのだから，おそらく請負契約書が取り交わされており，請負契約の締結は争いがないという展開になるのであろう，すると，この紛争は注文主（被告）が建築工事に瑕疵があったと主張して争われている事案なのであろうか，とある程度見通しを立てて，

図１：事案の骨格と争点の位置付けとの関係

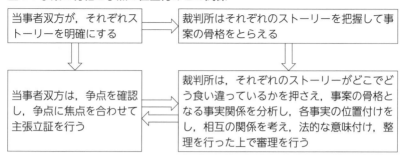

図２：ケースの事実関係

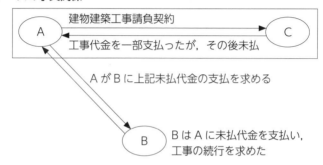

被告が答弁書，準備書面でどのような認否主張をするのか，心待ちにすることになります。ところが，実際に答弁書や準備書面が出て，「建物建築工事請負契約締結の事実は否認する」という認否がされているのを見ると，何だ，請負契約締結の事実自体が争われている事案なのか，それでは，いったいどういう事実関係があったのか，当事者間で請負契約書は作成されなかったのか，原告はどういう思惑があって「骸骨」のような訴状にとどめたのか，といぶかしがりながら，審理を進めていくことになるのです。

3 ケースに即して審理がどう展開していくかを見てみましょう。

　裁判所は，ケースの３の(1)及び(1)－２の各記載を見て，答弁書で被告Ｂが請求原因アの事実（建築工事請負契約締結の事実）を否認しているので，まず，原告ＡとＢとの間で建築工事請負契約書が取り交わされているかどうかに関心を抱きます。裁判所は，Ａに対し，「ＡとＢとの間で建

築工事請負契約書は取り交わされたのですか。取り交わされたのであれば，建築工事請負契約書を書証として提出してください」と尋ねることでしょう。この質問に対し，Aが「AとBとの間で建築工事請負契約書は取り交わされていません。この事件には事実経過があります。次回までに書面で主張します」と答えると，裁判所は，「請負契約書が取り交わされていないのであれば，請負契約が締結されたことを基礎付ける具体的な事実経過の説明が必要です。この訴状には要件事実しか書いてありませんね。いったいどういう事実経過があるのですか。準備書面は後日でいいとして，さわりだけでもいいですから，かいつまんでこの場で教えてください」と聞くことでしょう。こう聞かれたら，どう答えますか。消滅時効の期間満了が迫っていたため取り急ぎ訴状を提出した場合は別として，まさか「依頼者から十分話を聞く時間がなかったので，とりあえず請求原因事実の記載例に倣って書いて訴状を出しました。これから事情聴取をして準備書面を書きます」などと答えるわけにはいかないでしょう。こんな答えをするようでは，折角原告となって攻撃を仕掛けて主導権を握ることができる立場にありながら，後追いの展開を招いてしまいます。始めから訴状に要件事実に該当する具体的事実だけでなく，ストーリーを明確にし，事案の骨格が把握できるような事実関係を記載しておけばよかったのです（**図3**参照）。

4 そこで，次に，ストーリーを踏まえて請求原因事実を記載すると，審理がどう展開していくのか見てみましょう。

ケースの**3**の(2)の記載のとおりストーリーを伴う請求原因事実が主張されると，相手方（被告）もこれに対応するために**ケース**の**3**の(2)－2の記載のとおりきめ細かく認否して，事実関係を説明し，個々の事実を意味付けざるを得ない状況に追い込まれます。応答し，説明しなければならないのは被告になるのです。原告が真実のストーリーを主張している場合であれば，被告をストーリーの土俵に上がらせる方が有利です。請負契約書が取り交わされていない以上，原告は間接事実を積み重ねてストーリーを展開するしか道はありませんから，困難な点はあっても，最初からこの道を切り開いていくべきなのです（**図4**参照）。

図3：要件事実に特化した訴状の場合の審理の展開

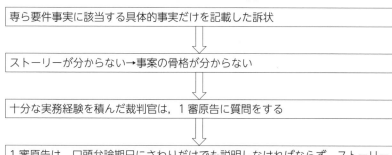

図4：要件事実だけでなく，ストーリーも明確にした訴状の場合の審理の展開

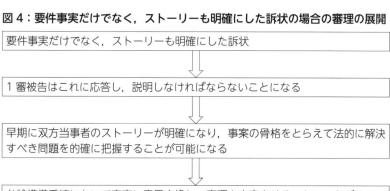

5 　十分な実務経験を積んだ裁判官は，記録を読んで，まず事案の骨格となる事実関係をつかもうとし，そのために各当事者の主張するストーリーをとらえようとして訴状，答弁書を読み，準備書面，書証に当たります。それでも分からなければ，当事者に質問をします。

　なぜ経験豊富な裁判官は各当事者の主張するストーリーをとらえようとするのでしょうか。それは，民事訴訟事件では人間の営み（行為）が対象となるからです。世の中では複数の人間のそれぞれの営み（行為）が交錯して様々な出来事が起こります。民事訴訟は，このような出来事に関して起こる法的紛争を対象として提起されますから，基本的には事実関係をめぐる争いです。そこで，経験豊富な裁判官は各当事者の主張するストーリーをとらえ

ようとするのです。したがって，各当事者は，それぞれの立場から，どのような事実関係であったのか，ストーリーを明確にする必要があります。要件事実との関係で言えば，訴訟物を設定する基礎となり，要件事実に分解される前の事実関係がストーリーです。

　経験豊富な裁判官によって構成される裁判所は，各当事者が主張するストーリーをとらえて事案の骨格をなす事実関係を把握します。裁判所は，各当事者の主張するストーリーが明確になったら，事案の骨格となる事実関係を分析し，各事実の位置付けをし，相互の関係を考え，法的な意味付け，整理を行って，その事件で法的解決が必要な問題は何かを考えます。こうすることによって事件の全体像の中に的確に争点を位置付けることが可能になります。筆者の裁判官としての長年の経験によれば，事件の全体像を把握して争点を的確に位置付けた上で争点について判断をするのでなければ，木を見て森を見ないままで判断することになり，判断を誤るおそれがあります。裁判所と双方当事者との間で事案の骨格をなす事実関係についての認識を共有化した上で法的に解決すべき問題を把握するようにしないで，判断枠組みを既定のものとして扱って具体的事実関係が希薄な要件事実中心の「争点把握」をしようとすると，紛争の実質をとらえた審理判断にならないおそれが大きいと考えます。

6　ストーリーをつかむことは，裁判官が事実認定を行う上でも必要なことです。事実認定は単なる印象や思い込みでするものではなく，証拠の証明力を吟味してしなければなりませんが，証拠の証明力の吟味は，その証拠の証明力を支える客観的合理的な裏付けがあるかどうかを検討することによって行います。先達から教わったのは，当事者が主張するストーリーを明確にし，争点判断の基礎となるべき動かし難い事実を押さえ，その時系列，土俵に当事者が主張するストーリーをはめ込んでみて，動かし難い事実と整合するかどうかを吟味するという手法です。そのストーリーどおりだとすると，すっきり説明がつかない事実がいくつか出てくることがあります。別々に切り離してみると，1つひとつはすっきりしないとはいえそれなりに説明がされていて一応通りそうだと思えても，少しずつおかしいと感じることが次々と出てくると，全体としてこれではおかしいと感じられることになりま

す。それはそのストーリーが真実を語っていないからであると考えるのが合理的です（賀集唱「民事裁判における事実認定をめぐる諸問題」民事訴訟雑誌16号〔1970年〕49頁以下）。

　このように，事実認定をするには証拠の証明力を吟味することが不可欠であり，その証拠の証明力を支える客観的合理的な裏付けがあるかどうかを検討する必要があります。

　この検討を行うために有効な方法が時系列表を作成することです。筆者は，裁判官当時，手書きで時系列表を作成し，時系列表を3分割し，年月日等を記載した中央部分，その右側に原告の主張事実，中央部分の左側に被告の主張事実を記載するようにしていました。中央部分の年月日等の記載が縦軸に相当します。こうすると，右側に原告の主張するストーリーが展開され，左側に被告の主張するストーリーが展開されることになり，時系列に沿ってそれぞれのストーリーを比較対照することができます。中央部分には，時系列を示す年月日だけでなく，動かし難い事実を摘示し，気づいた点も書き込むようにします。時系列に沿ってそれぞれのストーリーの流れを比較対照すると，動かし難い事実が浮かび上がってきて，どちらのストーリーが信用できるかが見えてきます。

　こういうふうに各当事者が主張するストーリーを1本の時系列の左右に並べてみると，いろいろなことが分かってきます。それを当事者に求釈明して，主張立証を補充してもらうということを行っていました。

7　現行の民事訴訟法が制定される前には弁論兼和解という名の下に融通無碍な手続が行われていました。この手続は，審理が始まった段階では当事者と裁判所とでは事件についての情報量に大きな差があるため，各当事者の主張するストーリーを手っ取り早く入手することを1つの眼目としていたのです。各当事者の主張するストーリーをつかむことができれば，早期に和解を試みることが可能になります。当時は証人尋問，本人尋問を行った上で和解を勧告し，できなければ判決をするというのが原則型でしたから，弁論兼和解で準備書面と陳述書その他の書証に基づいてざっくばらんな意見交換をして各当事者の主張するストーリーをつかめば，和解を成立させて事件処理の効率を高めることができましたし，和解ができなくても双方の主張

するストーリーがどこでどう食い違うかが明らかになって争点を絞り込んで尋問を行うことができたのです。このように弁論兼和解は事件処理で成果を上げましたが，融通無碍な手続であったために手続保障の観点から問題があるとする批判があり，現行の民事訴訟法を制定するにあたって双方審尋主義を手続的に保障する目的で弁論準備手続が整備されました。この改正の趣旨は正しかったのですが，その後の運用で各当事者の主張するストーリーを効率的につかむという柔軟かつダイナミックな運用が下火になった観があることは残念です。弁論準備手続は，法廷で行う手続を準備室で行うというだけのものにせずに，各当事者の主張するストーリーを効率的につかむために活用されることが望まれます。訴状に要件事実に該当する具体的事実だけでなく，ストーリーを明確にし，事案の骨格が把握できるような事実関係を記載することが相当であること，そうすれば答弁書でこれに応答し，事実関係を説明し，個々の事実を意味付けることになることは前記のとおりですが，もとよりこれで終わりということではなく，これは出発点にすぎません。弁論準備手続において，準備書面と陳述書その他の書証に基づいて率直に意見交換をし，各当事者がそれぞれの立場からのストーリーをビビッドに分かりやすく説明して事案の骨格が浮き彫りになるようにし，裁判官及び双方当事者がこれらの点に関する認識を共有した上で，事案の骨格を踏まえて生き生きとした実感のある争点整理を協働して行うことが，審理を充実させ，相当な解決に向かうために必要です（これを実践するために訴訟代理人弁護士がどのように準備しておくべきかについては，実践的ケース1-3を参照）。

　筆者は，東京高等裁判所で裁判長を務めていた当時，各当事者の主張するストーリーが不明確な事件については，口頭弁論期日において質問をしてこれらを明確にするようにし，調書に記載するようにしていました。その上で，受命裁判官が主宰する弁論準備手続に付してストーリーを明確にした主張立証がされるようにしていました。各当事者の主張するストーリーが明確になれば，充実した審理を効率的に行うことが可能になり，分かりやすく納得できる判決を書くことが可能になるからです。また，それにとどまらず，時には，審理を充実させるために進行協議期日（民事訴訟規則95条1項「裁判所は，口頭弁論の期日外において，その審理を充実させることを目的として，

当事者双方が立ち会うことができる進行協議期日を指定することができる。この期日においては，裁判所及び当事者は，口頭弁論における証拠調べと争点との関係の確認その他訴訟の進行に関し必要な事項についての協議を行うものとする。｣)を指定し，あらかじめこの手続での言動については後であのときああ言った，こう言ったと言わないことを当事者双方と約束し合って，率直な意見交換を行うようにしました。これは，裁判所にとっても，当事者双方にとっても有益であったのではないかと自負しています。

8 ここでは，真実を語る場合であることを前提にしますが，その場合であれば，どのように主張立証を行っていくべきかはもうお分かりでしょう。真実は強いのですから，真実を語るストーリーで裁判官を説得するのです。真実であることを証明する裏付けのある勝筋の事件であれば，早期にストーリーを明確にする主張立証をして裁判官をストーリーの世界に引き込むのです。裁判官は，なるほどこのストーリーはもっともだ，真実なのではないかと思い出すと，相手方のストーリーがどのようなものなのかに強い関心を抱いて早く知りたいと思い始めますし，それぞれのストーリーの裏付けとなる証拠を早く見たいと思うようになりますし，さらには，こういう証拠もあるはずなのではないかと考え始めて積極的な訴訟指揮をするようになります。このようにして裁判官を真実のストーリーの世界に引き込んで，いやおうなしに相手方にもストーリーを主張させて勝負をかけるのです。真実を語っていない相手方のストーリーはいずれ破綻せざるを得ません。これは，特に詐欺的金融商品取引等の「嘘付きの争い」型の事件（坂井芳雄「裁判する心」判タ528号〔1984年〕11頁以下。実践的ケース1-1参照）にあてはまります。

　逆に，訴訟代理人弁護士としての立場上事実に反する主張をせざるを得ない場合は，必要最小限の主張にとどめてガードを固くして殻に閉じこもるしかありません。したがって，真実を味方にしている側は上記のとおり早期にストーリーを明確にする主張立証をして裁判官をストーリーの世界に引き込む必要があるのです。

まとめ

　真実を語る勝筋の事件では，早期にストーリーを明確にする主張立証をして相手方当事者と裁判官をストーリーの世界に引き込むのが相当である。

　ケースの**3**の(1)のように訴状の請求原因事実に要件事実に該当する具体的事実だけを記載していると，**3**の(1)－2の答弁書の記載のように建築工事請負契約締結の事実の否認を招来し，裁判所から事案の実態，事実経過について質問を受けることになる。これでは，折角原告となって攻撃を仕掛けて主導権を握ることができる立場にありながら，後追いの展開を招くことになる。

　ケースの**3**の(2)のように訴状の請求原因事実にストーリーを伴う請求原因事実が記載されていると，相手方（被告）もこれに対応するために**ケース**の**3**の(2)-2の記載のとおりきめ細かく認否して，事実関係を説明し，個々の事実を意味付けざるを得ない状況に追い込まれることになる。原告が真実のストーリーを主張している場合であれば，被告をストーリーの土俵に上がらせる方が有利である。

> **実践的ケース 1-3**
>
> 口頭弁論期日，弁論準備手続期日において，裁判官から，争点，争点に関する主張立証の方針・ポイントを説明してほしいと求められたら，語るツボは何か
>
> 製造物供給契約に基づく製品の性能をめぐる紛争

Summary

双方当事者が口頭弁論において裁判所から争点の確認を求められ，主張立証の方針・ポイントを尋ねられたときは，裁判所を説得するチャンスを活かすために，口頭で，的確に，分かりやすく説明することが大切である。これを実践するには備えが必要である。あらかじめ手控えに事案の骨格，主張立証のポイントを摘示しておくとともに，重要な書証等の写し（抜粋）から成る必携を用意しておき，これらを裁判所に持参して瞬時に記憶喚起することができるようにしておくことが大切である。

Introduction

　裁判所が事案の骨格をとらえて法的に解決すべき問題が何かを考え，審理判断のポイントをつかむには，当事者がその役割を適切に果たすことが不可欠です。当事者の役割は，準備書面を書くだけでは終わりません。必要に応じて口頭で分かりやすく説明することも大事な役割です。これを行うためには日ごろからどうしておけばよいのかを**ケース**に即して考えてみたいと思います。

ケース

1　機械類の商社であるＡ社は，第1工場から第5工場まで5つの砕石工場を営むＣ社から，手始めに第1工場についてのみ工場内の空気中の粉塵を高度に除去する装置の製作を注文され，技術力に定評のあるＢ社に対し，Ｃ社から受注した粉塵除去装置の製作を依頼した。Ｂ社の技術陣は，種々検討したが，Ｃ社が求める高度の性能を備える粉塵除去装置の製作には技術的に困難な点が多く，Ｃ社が定めた納期に完成納品することは無理であると考え，Ａ社の担当者に事情を説明した上，Ｂ社が以前に製品化した既存の装置に性能を高める付属装置を付ければＣ社が求める性能の8～9割程度を達成できる可能性があると説明した。Ａ社の担当者は，何とかＣ社が求める性能を備えるものを用意したいと考え，Ｂ社の技術陣と打合せを重ね，さらなる改良を求めた。Ｂ社の技術陣は，付属装置の性能の向上に努め，Ｃ社が求める性能の98％を達成することができる可能性があるところまで漕ぎ着けたが，実験を繰り返して安定した性能発揮を確認するだけの時間がないと判断し，技術陣の打合せ議事録に「納期まで残り時間が乏しいため，現状ではＣ社が求める性能を安定して確保することを確認するに至りませんでした。開発中の製品について当社の自社製品がもともと備える性能は保証しますが，Ｃ社が求める性能の保証まではいたしかねます」と記載し，Ａ社の担当者にサインを求めた。Ａ社の担当者は打合せの内容を要約したものと理解してサインした。Ａ社とＢ社は，契約書は取り交わさず，Ａ社の発注書（発注者をＡ社とし，受注者をＢ社

とし，納期の記載があり，納品場所としてC社の工場が記載され，納品すべき製品として粉塵除去装置と記載され，数量の記載があるもの）とB社の納品書が作成されたにとどまっている。B社は納期にC社の工場に粉塵除去装置を納品した。粉塵除去装置は稼働したが，実績ベースでの粉塵除去率はC社が求めていた性能の9割程度にとどまった。C社は，第1工場以外の工場の粉塵除去装置はA社に発注せず，D社に発注した。

2 A社は，弁護士を訴訟代理人に選任した上，B社を被告とし，A社とB社との間で製品供給契約が締結されたが，B社が所定の性能を確保することができず，B社の債務不履行のためにC社から他の工場の粉塵除去装置を受注することができなくなったとして，債務不履行による損害賠償請求権に基づき，逸失利益相当額の損害賠償の支払を求めて提訴した。

B社の訴訟代理人弁護士は，A社とB社との間の契約はC社が求める性能を備えることは目的とされていないなどと主張して争った。

3 裁判所は，口頭弁論において，B社が製作する粉塵除去装置について，C社が求める性能を備えることが合意されたかどうかが争点となると考えるが，当事者双方はどの点が争点であると考えるか，各当事者の争点に関する主張立証の方針・ポイントを説明してほしいと求めた。

A社の訴訟代理人弁護士，B社の訴訟代理人弁護士は，それぞれどのように対応するのが相当か。

解説

1 裁判所が事案の骨格をとらえて法的に解決すべき問題が何かを的確に把握し，審理判断のポイントをつかむには，当事者がその役割を適切に果たすことが不可欠です。争点の確認，審理方針の場面で双方当事者と裁判所が果たすべき役割を図示すれば，**図1〜図3**のとおりです。**ケース**の事実関係も**図4**のとおり図示します。

2 筆者は，裁判官当時，社会的，経済的に重要な事件については，「21世紀の口頭弁論」を標榜し，訴訟代理人弁護士に口頭で説得力のある弁論を法廷で行ってもらうことを目指していました。訴訟代理人弁護士の説得力のある弁論こそが，裁判官が事案を正しく理解し，適正，妥当な審理，

1. 裁判所とのコミュニケーションの改善のために

図1：双方当事者と裁判所が果たすべき役割

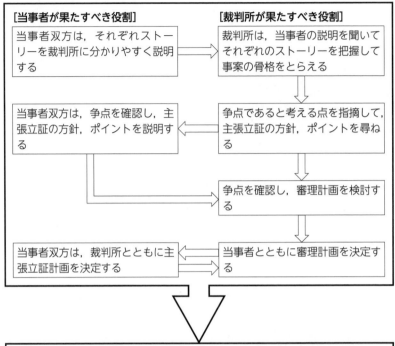

判断をするために最も効果的だと考えていたからです。実際に，経済的価値が大きい事件で，裁判所の問題意識を示し，この点に関して両当事者にそれぞれ重要と考える点を口頭で弁論してほしいと依頼したことがありますが，当事者双方の協力が得られ，口頭弁論期日において実施されました。当事者双方の弁論は見事なものでした。どちらも非常に聞きごたえのある，すばらしい弁論でした。プレゼンテーションとしてはどちらも引けを取らない弁論ではあったのですが，両方聞き比べていると，おのずと争点についてどう判断すべきかが分かり，判断の骨格ができ上がるという経験をしたのです。あとはそれを判決文に書くだけでした。これは非常に有用だということが分かりました。このような社会的，経済的に重要な事件について実質的な口頭弁

図2：双方当事者がストーリーを説明して事案の骨格及び争点把握のために必要な役割を果たす場合

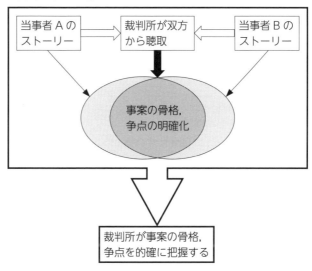

図3：双方当事者が必要な上記の役割を果たさない場合

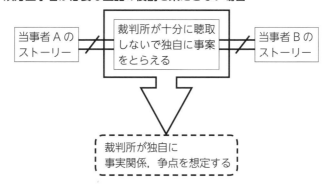

論を行うためには、プレゼンテーション能力を磨いておく必要があることは言うまでもありません。

3 ここで取り上げるのは、このような社会的、経済的に重要な事件について実質的な口頭弁論を行うという華々しい場面ではなく、若手弁護士がごく普通の事件について口頭弁論期日又は弁論準備手続期日において裁

1. 裁判所とのコミュニケーションの改善のために

図4：ケースの事実関係

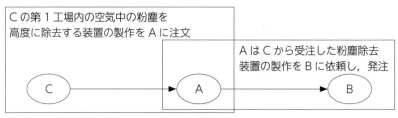

＊　AとBとの間でBが製作する粉塵除去装置がCの求める性能を備えることが合意されていたかどうかが争点である。

[Aの主張の骨子]

AがCの求める性能を備える粉塵除去装置の製作をCから受注し，Cの求めに応ずるためにBに依頼して発注したというAとBとの間の製作物供給契約の趣旨目的

[Bの主張の骨子]

Cが求める高度の性能を備える粉塵除去装置の製作には技術的に困難な点が多く，納期に完成納品することは無理であったため，Bの技術陣は，Aの担当者に事情を説明した上，既存の装置に性能を高める付属装置を付けるなどして限られた時間の中でCが求める性能に可能な限り近づけるように努力を重ねていたが，実験を繰り返して安定した性能発揮を確認する時間がなかった

[Bの要となる証拠]

打合せ議事録に「納期まで残り時間が乏しいため，現状ではCが求める性能を安定して確保することを確認するに至りませんでした。開発中の製品について当社の自社製品がもともと備える性能は保証しますが，Cが求める性能の保証まではいたしかねます」と記載し，Aの担当者もこれにサインした

判官から質問を受けたという場面でどうすべきかについてです。

　筆者は，東京高裁勤務当時，その事件で法的に解決すべき問題は何かを検討し，その問題解決をするために必要な点でありながら原審で十分光が当たっておらず，まだ解明されていない点があると，口頭弁論で当事者にその点を指摘して，この点について原審の記録を読んでもよく分からないので，簡潔に，分かりやすく説明してくださいと問いかけるようにしていました。そうすると，中には「準備書面に記載してあったと思いますが」という答え

が戻ってくることが何度かありました。筆者は，予告なく突然尋ねた上，こちらははっきり書いた準備書面がないことを知っているのにすまないという負い目はありましたが，口頭弁論のせっかくの機会を活かしたかったので，「それではどの準備書面の何ページに書いてありますか，特定して教えてください」とさらに尋ねました。これに対して「本日は記録を持ってきていません」という回答がされれば，「それではどうぞ裁判所のこの記録をご覧になってください」と言って記録を渡すようにしていました。そうすると，記録を読み，「なるほど，明確に書いていなかったですね。その点はこう考えています」と説明されます。そこで，筆者はさらに知りたい点を指摘してやり取りを続けました。もちろん，相手方当事者にもその点について意見を求めるようにしていました。そして，このようなやり取りを踏まえて，提出期限を定めて当事者双方から主張立証を補充してもらうようにしていました。

　筆者がこのようなことをしていたのは，裁判所と訴訟関係人が一堂に会するという貴重な機会を控訴状，答弁書及び準備書面の陳述と書証の提出だけで終わらせたくなかったからです。このような準備書面等の陳述と書証の提出等の手続を行うだけであれば簡単です。失敗することもありませんから，楽です。しかし，裁判所と訴訟関係人が一堂に会するという貴重な機会なのですから，中身に立ち入って情報交換，意見交換等を行い，事件をよりよく理解する機会に活かすことができれば，口頭弁論を行う意義は高まります。実際，上記のようなやり取りを行うことによって，多くの場合相当の収穫がありました。上記のようなやり取りを通じて裁判所の問題意識を当事者に伝えることができますし，当事者もこれまでの主張立証を改めて確認し，時には見直す機会にもなるからです。

　上記のようなやり取りを行うと，こちらが予告なく問いかけたにもかかわらず，即座に的確な説明をする訴訟代理人弁護士にたびたび出会うことができました。このような訴訟代理人弁護士に出会うことができたときは，心の中で敬意を表するとともに，有意義な口頭弁論の場となったことを喜び，充実感を味わったものです。最も印象に残ったのは，筆者の問いかけに対し，即座にとうとうと，まさに立て板に水のごとく能弁をふるった方です。まさに感嘆の極みでした。こういう方はあまり多くありませんでしたが，今後こ

ういう訴訟代理人弁護士が増えることを期待しています。

　お気づきでしょうか。法廷でのやり取りは真剣勝負なのです。裁判官が予告なく問いかけたにもかかわらず，即座に的確な説明をして答えれば，この弁護士はすごい，事案を的確にとらえ，しっかりした考えを持っていると裁判官をうならせることができ，信頼を勝ち取って主導権を握ることができるのです。

4　ケースの事実関係は図4のとおりです。A社の訴訟代理人弁護士は，①争点は裁判所が指摘したとおりであり，A社とB社との間でB社が製作する粉塵除去装置がC社の求める性能を備えることが合意されていたかどうかが争点であること，②A社がC社からC社の求める性能を備える粉塵除去装置の製作を受注したことはB社が熟知していることであり，この性能を備える粉塵除去装置でなければA社とC社との間の契約の目的を達成することができないことは明らかであって，現にA社はその後C社から他の工場の粉塵除去装置の製作を受注することができなかったこと，③したがって，A社とB社との間の契約についても同様であり，上記の性能を備える粉塵除去装置でなければA社とB社との間の契約の目的を達成することはできないことなどを説明し，A社とB社との間の契約締結に至るまでの事実経過についてA社の担当者の陳述書を提出するほか，証人尋問を申請する予定であることなどを述べることになるでしょう。

　他方，B社の訴訟代理人弁護士は，①争点は裁判所が指摘したとおりであること，②C社が求める高度の性能を備える粉塵除去装置の製作には技術的に困難な点が多く，C社が定めた納期に完成納品することは無理であったため，B社の技術陣は，A社の担当者に事情を説明した上，既存の装置に性能を高める付属装置を付けるなどして限られた時間の中でC社が求める性能に可能な限り近づけるように努力を重ねていたのであり，付属装置の性能の向上に努め，C社が求める性能の98％を達成することができる可能性があるところまで漕ぎ着けたが，実験を繰り返して安定した性能発揮を確認するだけの時間がなかったこと，③そこで，打合せ議事録に「納期まで残り時間が乏しいため，現状ではC社が求める性能を安定して確保することを確認するに至りませんでした。開発中の製品について当社の自社製品がもとも

と備える性能は保証しますが，C社が求める性能の保証まではいたしかねます」と記載し，A社の担当者もこれにサインしたこと，④以上によれば，A社とB社との間ではB社が製作する粉塵除去装置がC社の求める性能に可能な限り近づけるように最善を尽くすことが合意されたのであり，A社が主張する結果の達成は合意されなかったことなどを説明し，B社の技術陣とA社の担当者との打合せの経過を示す議事録，設計書，陳述書等を提出するほか，証人尋問を申請する予定であることなどを述べることになるでしょう。

5 それでは，どうすれば，法廷で裁判官から突然聞かれても即座に的確な説明をすることができるようになるでしょうか。それはあらかじめそのような事態に備えてポイントをしっかり摘示しておくしかありません。「備えあれば患いなし」です。多忙な皆さんが，持ち時間が乏しい中，どうしたらよいのか，アドバイスをしてみます。

訴訟指揮をする裁判長（裁判官）にとっても，口頭弁論は真剣勝負の場です。その事件の事案の骨格をとらえ，ポイントをつかんだ上で瞬時に思い出せるようにして，法廷に臨まなければなりません。そのためのツールが手控えです。

例えば，A_1が法律の専門家B_1に官庁C_1に対する申請事務や申告事務を依頼したのに，B_1から適切な助言を受けられなかったためにC_1に対する必要な情報提供が一部欠落してしまい，申請ないし申告の目的を十分達成することができずに終わり，損害を受けたとする善管注意義務違反を理由とする損害賠償請求訴訟であれば，手控えには，次のように記載しておきます。

記

[事案の骨格]
　A_1が法律の専門家B_1に官庁C_1に対する申請事務（申告事務）を依頼した→A_1の支配領域内の事柄であるが，C_1に対する情報提供が必要なものが一部欠落した※→その結果，申請事務（申告事務）の目的不達成となった

[当事者の主張の骨子]

> ※の原因につき A_1 は B_1 から適切な助言を受けられなかったためであると主張⇔B_1 は，A_1 が B_1 に必要な情報を提供しなかったためであると主張
> ［問題点・ポイント］
> Q：A_1 は当該必要情報の存在を認識していなかったのか
> 　A_1 がその存在を知らなかった場合には，B_1 が一般的な可能性を考えて A_1 に該当する情報がないか尋ねる必要があると判断することになる可能性あり⇔A_1 がその存在を知っていた場合には，A_1 の自己責任となろう

　この程度の記載で一瞥して記憶喚起することができます。詳しすぎたり，長すぎたりすると，法廷で瞬時に記憶喚起することができません。図解しておくと，より効果的です。

　法令の関係規定，重要な書証等のコピーを取り，これらを必携として手控えと一緒にしておきます。

　このように，手控えを作り，必携を作っておき，これらを携えて法廷での真剣勝負に臨むのです。

　若手弁護士の皆さんも，手控えを作り，必携を携えて法廷に臨むようにしましょう。これを繰り返すことによって事案の骨格をとらえ，事件のポイントをつかむ力を習得することができます。そして，双方当事者と裁判所とで口頭弁論を実り多い場にしていってください（**図1**および**図2**参照）。それこそがコミュニケーション能力を磨き，優れたプレゼンテーション能力を身に付けるための最も効果的なトレーニングになるのです。

　このように，法律実務家としての基本的な力は，最も効果的な事務処理の方法を身に付けて日々実践していくことによって着実に養成されていきます。継続は力なのです。

6 事案の骨格をとらえ，事件のポイントをつかんでおき，裁判官の立場や考え方を知って裁判所とのコミュニケーションを円滑にし，口頭弁論において真剣勝負を行う。これを習得しましょう。

まとめ

　口頭弁論において裁判所から争点の確認を求められ，主張立証の方針，ポイントを尋ねられたときに，口頭で，的確に，分かりやすく説明することが必要である。

　ケースでは，裁判所が指摘した争点について，Ａ社の訴訟代理人弁護士は，Ａ社がＣ社からＣ社の求める性能を備える粉塵除去装置の製作を受注したことはＢ社が熟知していることであり，この性能を備える粉塵除去装置でなければＡ社とＣ社との間の契約の目的を達成することができないことに重点を置いて説明し，Ａ社とＢ社との間の契約締結に至るまでの事実経過についてＡ社の担当者の陳述書を提出するほか，証人尋問を申請する予定であることなどを述べることになる。

　他方，Ｂ社の訴訟代理人弁護士は，Ｃ社が求める高度の性能を備える粉塵除去装置の製作には技術的に困難な点が多く，Ｃ社が定めた納期に完成納品することは無理であったため，Ｂ社の技術陣は，Ａ社の担当者に事情を説明した上，既存の装置に性能を高める付属装置を付けるなどして限られた時間の中でＣ社が求める性能に可能な限り近づけるように努力を重ねていたのであり，付属装置の性能の向上に努め，Ｃ社が求める性能の98％を達成することができる可能性があるところまで漕ぎ着けたが，実験を繰り返して安定した性能発揮を確認するだけの時間がなかったこと，そこで，打合せ議事録に「納期まで残り時間が乏しいため，現状ではＣ社が求める性能を安定して確保することを確認するに至りませんでした。開発中の製品について当社の自社製品がもともと備える性能は保証しますが，Ｃ社が求める性能の保証まではいたしかねます」と記載し，Ａ社の担当者もこれにサインしたこと，以上の事実経過に重点を置いて説明し，Ａ社とＢ社との間ではＢ社が製作する粉塵除去装置がＣ社の求める性能に可能な限り近づけるように最善を尽くすことが合意されたのであり，Ａ社が主張する結果の達成は合意されなかったことを力説し，Ｂ社の技術陣とＡ社の担当者との打合せの経過を示す議事録，設計書，陳述書等を提出するほか，証人尋問を申請する予定であることなどを述べることになる。

2. 論争を勝ち抜くために

(1) 当事者主義，自己責任をより重視する方向を目指す潮流の行き着くところは自己責任に基づく当事者の役割の強化であり，当事者がこれまで以上に裁判所に積極的に働き掛けて事案の解明のために責任と役割を果たすことが求められることになります。当事者主義，双方審尋主義の原則の下では，双方当事者が弁論を行うことにより，事案の解明のために責任と役割を果たすことが必要です。次の(2)で述べるとおり，これからは，準備書面に記載して主張するだけでなく，口頭で論争を行って裁判所を説得する場面が増えていくことと思われます。そこで，ここでは，「口頭弁論」という語ではなく「論争」という語を用いることにします。

以上のことを図示すると，図1のとおりです。実践的ケース2-1から2-3までの位置付けも図2に図示します。

(2) 双方当事者が事案の骨格を踏まえ，法的に解決すべき問題が何かを明確にして，水準の高い論争をし，事案を解明し，大方の国民が納得することができる裁判を実現することが，21世紀のあるべき民事訴訟であると考えます。これからは，準備書面の応酬だけでなく，口頭弁論期日，弁論準備手続期日における口頭での論争によって裁判所を説得する場面が増えていくことと思われます。

民事訴訟事件における論争で勝利するとは，その場限りの議論で相手方当事者を言い負かしたり，はぐらかしたり，言い抜けしたりすることではありません。民事訴訟に限らず，そのようなことをすれば，国民は厳しい評価を下します。客観的合理的な根拠に基づいて多くの人を納得させることができるだけの十分な説明をすることこそが論争の本旨です。訴訟代理人弁護士としては，こういう説明をすることによって，民事訴訟事件における論争で勝利することができます。

客観的合理的な根拠とは，契約締結にあたって当事者の選択を左右した客観的要因であったり，法令の根拠規定の趣旨目的であったり，真実を語るストーリーであったりします。

(3) 具体的な実践的ケースに即してこれらを見てみましょう。

図1：当事者主義，自己責任をより重視する方向を目指す潮流と当事者の役割の強化

```
当事者主義，当事者の自己責任をより重視する方向を目指す潮流
          ↓
当事者の自己責任に基づく役割の強化
          ↓
当事者がこれまで以上に裁判所に積極的に働き掛けて事案の解明のために責任と役割を果たすことが求められる
          ↓
口頭弁論，弁論準備手続において当事者双方が論争をすることによって事案を解明する
          ↓
ポイントに焦点を合わせた論争をしなければ勝ち抜くことはできない
```

図2：実践的ケース2-1から2-3までの位置付け

[論争の類型]	[類型別のポイント]
契約の当事者（意思表示の成立，契約の成立）をめぐる論争（→実践的ケース2-1）	契約の当事者，形式等を選択することを決定付けた客観的な要因を探求する
要式行為の要件をめぐる論争（→実践的ケース2-2）	要式行為を定める法令の根拠規定の趣旨目的
保証契約がされた書面の一体性をめぐる論争（→実践的ケース2-3）	当該書面作成に至るストーリー

実践的ケース
2 - 1
契約の当事者が誰かを争う論争で勝利の鍵を握るものは何か

資金融通を行っていた会社間で一方の借入金の一部が他方に供与されるにあたり締結された金銭消費貸借契約の当事者が誰か（会社間か経営者個人間か。それぞれに沿う覚書，金銭消費貸借証書あり）をめぐる紛争

Summary

　契約の当事者が誰かをめぐる紛争は，誰が申込みの意思表示をし，誰が承諾の意思表示をし，これらが合致して契約が成立したかという問題にほかならないから，各主体による意思表示の成立，表示行為の合致による契約の成立について検討して判断することになる。各当事者が一定の効果の発生を欲する効果意思に基づいて表示行為を行い，これらの表示行為が合致して契約が成立するから，表示行為を行った当事者が誰かという点を含めて表示行為の意義が一義的に明らかなときは，契約の当事者は合致した表示行為により決定されるのが原則である。契約書等による表示行為の合致とは異なる真意の合致があったかどうかが争われる場合には，契約締結に至るストーリーを検討しながら，契約の当事者，形式等の選択に関する客観的諸事情，その選択を決定付けた要因を探究して，真実の合意があったかどうかを認定判断する。

Introduction

　民事訴訟では契約の当事者が誰であるかが争われるなど，契約の当事者，形式及び内容をめぐる争いがしばしば起こります。**ケース**に即してどのようにしてこれらを確定するのかを考えてみましょう。

ケース

1　Aは同族会社である甲社を経営し，Bは同族会社である乙社を経営していたが，両社は，いずれも自己資産を担保として銀行借入れができる状態ではなくなり，資金繰りに苦しみ，互いに資金を融通し合うような協力関係にあった。甲社はBの知人の紹介でノンバンクから36か月の割賦弁済の約定で6000万円の不動産担保ローンを受けることとし，Aはその親族のCに上記ローンの担保としてCの所有不動産に極度額を6500万円とする根抵当権を設定することを依頼し，その承諾を得た。甲社はノンバンクに対し上記融資を申し込んだ。これに先立ち，AはBの依頼により借入金のうち2400万円を乙社に回すことをあらかじめ了解しており，甲社と乙社とは乙社が甲社に対して毎月ノンバンクに支払う元利金の4割に相当する金銭を当該返済期日までに支払うとの約定で2400万円を借り受けたとの金銭消費貸借証書を差し入れる旨の覚書（以下「本件覚書」という）を取り交わしていた。しかし，結局，甲社はノンバンクから4500万円の不動産担保ローン（以下「本件ローン」という）を受けることができたにとどまった。Aは，乙社にそのうち1800万円を回すことにし，Bにその旨を連絡するとともにCの自宅まで同道を求めた。Bは，早速，貸主を甲社，借主を乙社とし，乙社の記名押印のある1800万円の金銭消費貸借証書を用意した。

　Aは，乙社に本件ローンによる借入金のうちから1800万円を回すことについて，あらかじめCの了解を得ておかなければならないと考え，現金1800万円を持ってBをCの自宅まで同道し，Cに対し，甲社が4500万円を借り受けたことを報告し，本件覚書を見せて乙社に1800万円を回すことを了解してほしいと頼んだ。

Cは，甲社の資金繰りに苦しむAの窮状を救うために物上保証人になることを承諾したのであったが，甲社が本件ローンによる融資金のうち相当額を乙社に回す約束をしていたことを知り，乙社が最後まで返済するか不安になり，Aが責任をもって乙社ないしBに必ず返済させるよう必要な措置を採るよう求めた。そこで，Aは，Aが乙社及びBに対して1800万円を貸し渡すこととし，その旨Bに告げ，Bもこれを了承し，その場でAを名宛人とする1800万円の金銭消費貸借証書を作成し，Bがこれに署名押印するとともに，乙社の代表取締役として記名押印してこれをAに交付した（以下，このようにして作成された金銭消費貸借証書を「本件金銭消費貸借証書」という）。Cは，これらの一部始終を現認し，乙社に本件ローンのうちから1800万円を貸し付けることを了解した。そこで，Aは持参していた1800万円をBに手渡した。こうして本件ローンによる融資金のうち1800万円が乙社に回った。

　その後，乙社はしばらくの間甲社に対して本件覚書に沿い毎月ノンバンクに支払う元利金の4割に相当する金銭を当該返済期日までに支払い，これと併せて甲社は本件ローンを一部返済したが，完済する前に倒産し，その経営権は債権者の手に渡った。乙社も間もなくして倒産した。

2　Aは死亡し，その子であるSがAの権利義務を相続により承継した。Sは，訴訟代理人弁護士を選任し，Bに対し，Aが貸主となって乙社及びBを連帯債務者として1800万円を貸し渡したのであり，SがAの貸主の地位を相続により承継したと主張して貸金残金1400万円の支払を求めて提訴した。

　Bは，訴訟代理人弁護士を選任して応訴し，Aが乙社及びBを連帯債務者として1800万円を貸し渡した事実を否認し，乙社が甲社から1800万円を借り受けたと主張して争った。Bの訴訟代理人弁護士の主張は，概要次のとおりである。甲社と乙社は，いずれも自己資産を担保として銀行借入れができる状態ではなくなり，互いに資金繰りを融通し合う協力関係にあった。その一環として，Aは借入金の一部を乙社に回すことをあらかじめ了解し，甲社と乙社とは本件覚書を取り交わしたのであり，その上で，甲社はBの知人の紹介でノンバンクから4500万円の不動産担保ローンによる融資を受けた。したがって，甲社が乙社に1800万円を貸し渡したことは明らかである。現に，本件覚書に基づき，貸主を甲社，借主を乙社と

2. 論争を勝ち抜くために

し，乙社の記名押印のある1800万円の金銭消費貸借証書が用意されている。本件金銭消費貸借証書は，Cの承諾を得るために形式的に作成されたものにすぎず，事の実態にそぐわないものであって証明力はない。Bの訴訟代理人弁護士は上記のとおり主張して貸主を甲社，借主を乙社とし，乙社の記名押印のある1800万円の金銭消費貸借証書を乙号証として提出した。

3 Sの訴訟代理人弁護士は，Bの訴訟代理人弁護士の上記主張及び反証に対し，Aが貸主となって乙社及びBを連帯債務者として1800万円を貸し渡したとの事実を論証するためにどのような主張立証をすべきか。

解説

1 契約の当事者が誰かをめぐる紛争では何が問題であり，この問題を解決するにはどのような基準によってどう考えるべきでしょうか。契約（例えば，売買，消費貸借，請負）が締結された場合において，契約名義人（例えば，売主又は買主），契約締結行為の行為者，目的財産の帰属主体（例えば，売買の目的物の所有者），財産の出捐者（例えば，売買代金を出捐した者）の間で契約当事者が誰であるかをめぐって争われたときは，この紛争は，誰と誰との間で当該契約が成立したかを争うものにほかなりません。したがって，誰が当該契約の申込みの意思表示をし，誰がこれに対する承諾の意思表示をしたかが問題なのであり，当該主体による申込みの意思表示が成立したかどうか，承諾の意思表示が成立したかどうか，これらの各意思表示が合致したかどうかを認定して判断することになります。これらの認定の原則となる基準は，後記のとおり，意思表示の成立に関する表示主義であると解するのが相当です。

ケースでは，原告Sの主張に沿う本件金銭消費貸借証書が取り交わされており，契約当事者が誰かという点を含めて表示行為の意義は一義的に明らかですから，Sが主張するとおり，乙社及びBが連帯してAから1800万円を借り受ける旨の申込みの意思表示をし，他方，Aが乙社及びBに対しこれらを連帯債務者として1800万円を貸し渡す旨の承諾の意思表示をし，主

図 1：契約の当事者が誰かをめぐる紛争

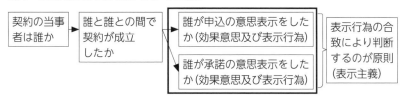

図 2：意思表示の成立（契約の締結）に関する原則

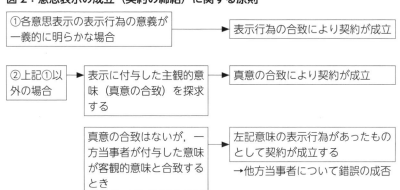

体の点を含めてこれらの意思表示が合致したものと認められます。しかし，被告Bは，上記表示行為の合致とは異なる真意の合致があったとして争っています（Bの前記主張は，このように整理して位置付けることができます）。Bの主張に沿う本件覚書が取り交わされており，Bはこの趣旨に沿って貸主を甲社，借主を乙社とし，乙社の記名押印のある1800万円の金銭消費貸借証書を用意していましたから，上記表示行為の合致とは異なる真意の合致があった可能性があります。そこで，契約締結に至るストーリー（当該契約締結に至る経緯，関係者の思惑・意図，当該契約締結の趣旨目的等）を押さえ，これを踏まえつつ，契約の当事者，形式等の選択を制約する客観的諸条件，中でも当該選択を決定付ける要因を探究し，前記表示行為の合致とは異なる真意の合致があったかどうかを検討する必要があります。**2**に詳述します。

以上を図示すれば，**図1～図4**のとおりです。

2. 論争を勝ち抜くために

図3：契約の当事者，形式等の選択とこれに影響を与える要因

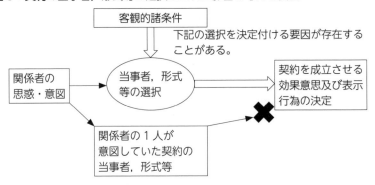

図4：ケースの場合

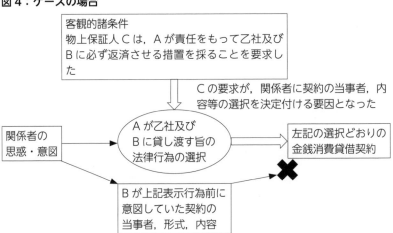

2 前記のとおり，**ケース**では，本件金銭消費貸借証書が作成されており，契約当事者が誰かという点を含めた表示行為に関する記載内容は一義的に明らかであって，かつ，ＡとＢとが一致してその記載内容が意味するところと異なる意味を表現するためにこのように記載したという事実は認められませんから，記載内容どおりに事実が認められます。本件金銭消費貸借証書によれば，Ｓが主張する金銭消費貸借契約の申込みの意思表示がされたこと，承諾の意思表示がされたこと及びこれらが合致したことの各事実が認められることになります。Ｂは，前記のとおり主張して上記表示行為の合致

とは異なる真意の合致があったとしてSが主張する金銭消費貸借契約の成立を争っています。Bの主張は，結局，Aが貸主となって乙社及びBを連帯債務者として1800万円を貸し渡したとの契約はAとBとの通謀虚偽表示である旨の抗弁を主張するに帰するものと整理するのが相当です。上記表示行為どおりの法的効果を生じさせないことにつき真意の合致があったとの主張事実がその根拠であるということになります。確かに，Bの主張に沿う本件覚書が取り交わされており，貸主を甲社，借主を乙社とし，乙社の記名押印のある1800万円の金銭消費貸借証書が用意されていましたから，上記主張に沿うかのような文書が存在するのであり，上記表示行為の合致とは異なる真意の合致があった可能性があります。そこで，契約締結に至るストーリー（当該契約締結に至る経緯，関係者の思惑・意図，当該契約締結の趣旨目的等）を押さえ，これを踏まえつつ，契約の当事者，形式等の選択を制約する客観的諸条件，中でも当該選択を決定付ける要因を探求し，意思表示は虚偽のものであり表示行為どおりの法的効果を生じさせないことにつき真意の合致があったかどうかを検討しましょう。

　まず，Bの訴訟代理人弁護士が主張するストーリーはこうでした。

　甲社と乙社は，互いに資金繰りを融通し合う協力関係にあり，その一環として，Aはノンバンクからの不動産担保ローンによる借入金の一部を乙社に回すことをあらかじめ了解し，甲社と乙社とは本件覚書を取り交わしました。甲社の借入金が予定額よりも少ない4500万円にとどまったので，乙社には1800万円が融通されることになり，Bは，本件覚書の趣旨に沿って貸主を甲社，借主を乙社とし，乙社の記名押印のある1800万円の金銭消費貸借証書を用意しました。ここまでの事実経過は間違いありません。

　しかし，事実経過としてその後に行われたCの眼前での本件金銭消費貸借証書の作成及び1800万円の授受については，納得することができるだけの説明をしておらず，本件金銭消費貸借証書がCの承諾を得るために形式的に作成されたものにすぎないと主張するにとどまっています。結局，Bの主張は，本件覚書を踏まえてBが乙社の代表取締役として1800万円の借入れの申込みの意思表示をしたという事実関係を根拠とするものであり，これを理由に，甲社が乙社に1800万円を貸し渡したと法的に評価すべきである

と結論付けているものです。

　確かに，甲社と乙社との間で本件覚書が取り交わされ，Bにより，貸主を甲社，借主を乙社とし，乙社の記名押印のある1800万円の金銭消費貸借証書が用意されていましたが，そうである以上，Aが甲社の代表者として同証書に記名押印したという事実又はこれに準ずる事実（例えば，甲社の借入れ後にAが同証書と同一内容の書面を作成してBにこれを送付した事実等，Aが甲社の代表者として乙社に対し1800万円を貸し渡す意思であったことを裏付ける事実）が加わる必要があると考えられます。しかし，これらの事実を証明する証拠はありません。かえって，その後の事実経過によれば，Aは，乙社に本件ローンによる借入金のうちから1800万円を回すことについて，あらかじめ物上保証人Cの了解を得ておかなければならないと考え，現金1800万円を持ってBをCの自宅まで同道し，Cに対し，甲社が4500万円を借り受けたことを報告し，本件覚書を見せて乙社に1800万円を回すことを了解してほしいと頼んでいます。**ケース**の事実経過に照らせば，本件覚書と上記証書によって甲社と乙社との間で同証書記載の内容の真意の合致があったことが証明されているとは言い難いところです。

　法的に説明するならば，甲社と乙社とは本件覚書を取り交わして金銭消費貸借の予約をしましたが，貸金の額が上記のとおり変更されることになったので，Bは乙社の代表取締役として上記金銭消費貸借証書を作成して甲社の代表取締役Aに1800万円の借入れの申込みの意思表示をしたにとどまることになります。そして，Aは，乙社の上記申込みの意思表示をまだ承諾しておらず，承諾するについてCの了解を得ようとしたということになります。

　ここで，Sが主張するストーリーを確認しましょう。Aは，Cの了解を得ようとしましたが，Cは，乙社が最後まで返済するか不安になり，Aが責任をもって乙社ないしBに必ず返済させるよう必要な措置を採るよう求めたのです。そこで，Aは，Aが乙社及びBに対して1800万円を貸し渡すこととし，その旨Bに告げ，Bもこれを了承し，その場でAを名宛人とする1800万円の金銭消費貸借証書を作成し，Bがこれに署名押印するとともに，乙社の代表取締役として記名押印してこれをAに交付しました。このよう

にして本件金銭消費貸借証書が作成され，Cの了解が得られたので，Aは持参していた1800万円をBに手渡し，本件ローンによる融資金のうち1800万円が乙社に回ったのです。このストーリーを構成する事実関係自体は動かし難い事実です。

　これを法的に説明すれば，Aは，Cの上記要求を受け，Bに対し，Aが乙社及びBに対して1800万円を貸し渡すことになることを告げ，もって上記の内容の申込みの誘引をし，Bがこれを了承し，その場でAを名宛人とする1800万円の金銭消費貸借証書を作成し，Bがこれに署名押印するとともに，乙社の代表取締役として記名押印してこれをAに交付して1800万円の借入れの申込みの意思表示をしたので，AはBに対しその承諾の意思表示をし，両者の表示行為が合致したということになります。

　以上によれば，Aが甲社の代表取締役として，乙社の1800万円の借入れの申込みの意思表示に対してこれを承諾する旨の意思表示をした事実は認められず，甲社代表取締役Aと乙社代表取締役Bとの間で1800万円の金銭消費貸借契約を締結する真意の合致があったと認めるに足りません。Aが乙社及びBに対して1800万円を貸し渡す旨の表示行為が双方からされ，その合致により上記の当事者及び内容の金銭消費貸借契約が締結され，上記金員が交付されてその効力が生じたということになります。この金銭消費貸借契約がAとBとの通謀虚偽表示である旨の抗弁は採用し難いということになります。

　上記各ストーリーを比較検討するにあたり，前記**図4**に図示したとおり，Cの要求（Cは，乙社が最後まで返済するか不安になり，Aが責任をもって乙社ないしBに必ず返済させるよう必要な措置を採るよう求めた）が決定的に重要な意義を有していることは明らかです。本件ローンが実現するにはCが物上保証人になることが不可欠であり，Aはもとより，Bも，乙社が資金を入手するにはCの要求に従うしかなかったのであって，当時は甲社から乙社が資金を借り受けるという契約当事者及び形式を選択する旨Bが主張することは，Cに対しても，Aに対してもできなかったと考えられます。そうすると，本件ローンによる融資金のうち1800万円が乙社に回る法的根拠になった金銭消費貸借契約は，Aが乙社及びBに対して1800万円を貸し

渡す旨の表示行為とBが乙社代表者及びB本人としてAから1800万円を借り受ける旨の表示行為とが合致することにより契約が締結され，これに基づいてその場で1800万円がAからBに手渡されたことにより効力を生じたものということができます。

3 Sの訴訟代理人弁護士は，裁判所に対し，契約の当事者が誰かをめぐる紛争は，誰と誰との間で契約が成立したかを問う問題にほかならず，当事者とその当事者がした意思表示とは一体不可分であると考えられるから，意思表示の成立に関する表示主義は意思表示の主体についても妥当すること，したがって，誰が申込みの意思表示をし，誰が承諾の意思表示をし，これらが合致して契約が成立したかを認定判断することにより決すべきであり，合致した表示行為により認定判断するのが原則であることを確認した上で，Aは，Cの前記要求を受け，Bに対し，Aが乙社及びBに対して1800万円を貸し渡すことになることを告げ，もって上記の内容の申込みの誘引をし，Bがこれを了承し，その場でAを名宛人とする1800万円の金銭消費貸借証書を作成し，Bがこれに署名押印するとともに，乙社の代表取締役として記名押印してこれをAに交付して1800万円の借入れの申込みの意思表示をしたので，AはBに対しその承諾の意思表示をし，両者の表示行為が合致したものであること，このとおり合致した表示行為は一義的に明らかであり，合致した表示行為どおり，Aが貸主となって乙社及びBを連帯債務者として1800万円を貸し渡したとの事実が証明されていること，Bの前記主張は，意思表示は虚偽のものであり表示行為どおりの法的効果を生じさせないことにつき真意の合致があったとして，表示行為どおりの法的効果が発生することに対する障害事由（通謀虚偽表示の抗弁）が主張されているものとして位置付けるべきところ，前記の事実関係によれば，Cの意向に沿ってAが貸主となって乙社及びBを連帯債務者として1800万円を貸し渡したとの契約が選択されたことが認められるのであり，Aが甲社の代表取締役として，乙社の1800万円の借入れの申込みの意思表示に対してこれを承諾する旨の意思表示をした事実は認められず，甲社代表取締役Aと乙社代表取締役Bとの間で1800万円の金銭消費貸借契約を締結する真意の合致があったことは証明されておらず，Bの通謀虚偽表示の抗弁は認められないこと，以

上のとおり主張するのが相当であると考えられます。

契約の当事者が誰かを争う論争で勝利の鍵を握るものは，契約当事者が誰かという点を含めて表示行為の意義が一義的に明確であるかどうかと，双方当事者が契約の当事者，形式等を選択することを決定付けた客観的な要因です。この客観的な要因を軸に事実認定を行えば，各当事者が主張するストーリーのうちどちらが正しいかを認定判断することができます。

4 **ケース**については以上のとおりですが，以上のとおりに考える根拠等について，補足して説明します。

まず，民法の意思表示の成立（契約の締結）に関する原則を確認しておきます（**図2**を参照）。表意者により表示行為がされれば，当該表示行為から推断される効果意思をもって意思表示は成立すると解するのが表示主義です。申込みの意思表示の表示行為と承諾の意思表示の表示行為とが合致すれば，契約が成立することになります。「社会生活における個人の交渉は，悉く，外形的な行為を介して行われる。意思表示が法律効果を生ずるにも，まず他人をして自分の意思表示を推断させるだけの行為が伴わなければならない。」（我妻榮『新訂 民法總則（民法講義Ⅰ）』〔岩波書店，1965年〕239頁）。「内心の意思は，相手方にはわからないのが通常であるから，それが欠ける場合にも，表示行為から推断される効果意思（表示上の効果意思）を効果意思として意思表示は成立すると考え，その上で，意思表示の効力を問題とするのが妥当である（錯誤など）」（星野英一『民法概論Ⅰ（序論・総則）』〔良書普及会，1993年〕176頁〜177頁，四宮和夫＝能見善久「民法総則〔第5版増補版〕」〔弘文堂，2000年〕158頁以下も同旨）。

したがって，表示行為の意義が一義的に確定できるときは，事実認定上も，表示行為どおりの意思表示がされたものとして認定することになるのが原則であると考えるのが相当です。この場合には，表意者が当該表示行為に付与した意味は一義的に明らかなのですから，表意者が当該表示行為にいかなる意味を付与したか，真意は何かを探求することは，原則として，無用のこととなるからです（民法93条参照）。ただし，契約の双方当事者が一致して表示行為の意義とは異なる内容の合意をしており，その合意を表現するために合意の内容とは異なる表示行為をあえて一致して行ったというとき（例えば，

表示行為が暗号として用いられたとき）は，例外として当事者双方の真意を探求して真意の合致によることになります。この例外を別とすれば，表示行為の意義が一義的に確定できる場合には，表示行為どおりの意思表示がされたものとして認定するのが相当であり，表示行為が合致しているにもかかわらず，契約の当事者間で表示行為どおりの法的効果を生じさせないことにつき真意の合致があったというのであれば，通謀虚偽表示の抗弁として位置付けるのが相当です。

次に，表示行為の意義が多義的であるなど，一義的に確定できないときは，各当事者の真意，表示行為に付与した意味を探求し，表示の客観的意味を確定して法律行為の解釈をすることになります（星野・前掲176頁〜177頁，四宮＝能見・前掲158頁以下）。後記のとおり，この考え方は，表示行為の主体を表示することについても，同様にあてはまります。

表示行為の主体を含めて民法の意思表示の成立（契約の締結）に関する原則である表示主義は，民事訴訟の事実認定においても原則とするにふさわしい，実用性の高い，手堅い考え方です。表示主義の下でも真意の合致を探求すべき場面はありますが，上記のとおりに整理して考えるのが相当です。

意思表示の成立（契約の締結）に関する原則である表示主義と契約書の記載とは，概念上区別する必要があります。後者は事実を認定する証拠としての意義があり，①申込み及び承諾の各意思表示に係る契約書の記載が多義的な場合には，両当事者が託した意味を探求して真意の合致があったかどうかを判断し，真意の合致があったと言えるときにはこれで表示行為の合致があったということになりますし，②申込み及び承諾の各意思表示に係る契約書の記載が一義的な場合には，これで表示行為の合致があったということになりますから，いずれも前者（表示主義）により契約が成立したと認定判断することになります。なお，この点に関し，賀集唱「契約の成否・解釈と証書の証明力」民商60巻2号（1969年）179頁以下及び同論文の該当箇所の注で引用する文献は，契約書に作成者として署名押印した者が託した意味を，契約書の文言だけでなく，契約締結の際のいわゆる諸般の事情を考慮して確定し，当事者双方が当該契約書に託した意味を比較対照して真意の合致がどこにあったかを認定すべきことを説いています。同論文が当該契約書に託し

た意味を検討して真意の「合致」を認定すべきことを指摘していることを看過してはなりませんし,「記号の使用者は,記号がその社会において通常有する意味に解されることを承認して,これを用いなければならない。」ことを「社会生活におけるモラル」として指摘し,表示の合致による契約の成立を説いていること（賀集・前掲24頁〜27頁）も看過してはなりません。筆者の考えでは,前記のとおり,表示行為の意義が一義的に確定できるときは原則として表示行為どおりの意思表示がされたものとして認定すべきであり,表示行為の意義が多義的であるなど一義的に確定できないときに星野・前掲176頁〜177頁及び上記論文が説くように各当事者の真意,表示行為に付与した意味を探求し,表示の客観的意味を確定して法律行為の解釈をすることになります。

　契約の成立には,当事者,目的及び意思表示が必要であり（我妻・前掲243頁）,当事者とその当事者がした意思表示とは一体不可分であると考えられますから,意思表示の成立に関する表示主義は意思表示の主体についても妥当すると考えられます。締結された契約についてその当事者が誰であるかに争いがあるときには,民法の意思表示の成立に関する原則に鑑み,証拠に基づき,当該契約について各意思表示の主体を特定してそれぞれ申込みの意思表示がされたこと及び承諾の意思表示がされたことを認定することになり,表示行為により主体が一義的に確定できるときは表示行為どおりの主体により意思表示がされたものとして認定すべきであり,表示行為によっては主体が一義的に確定できないときには各当事者の真意,表示行為に付与した意味を探求し,表示行為の客観的意味を確定して認定判断することになります。

　例えば,銀行の住宅ローンを利用して自宅用不動産を購入しようとした者（以下「購入希望者」という）が,所得が少ないので融資を受けられないため,所得が十分にある者名義で住宅ローンを申し込んで不動産売買契約を締結して当該不動産に居住し,住宅ローン用の名義人の口座に毎月返済分を振り込んでいた場合に,不動産の購入者は名義人かそれとも購入希望者かが争われることがあります。このような紛争においては,住宅ローン契約及び不動産売買契約については表示行為により主体が一義的に確定できるときに当

たるのが通常であると考えられますから，表示行為どおりの主体により意思表示がされたものとして認定すべきであり，購入希望者の内心の意思が，いかに自分こそが当該不動産の買主でありその所有権を取得する意思で他人の名義を借りて各申込みの意思表示をしたというものであったとしても，そのとおりに契約の相手方と内心の意思が合致していたときは別として，住宅ローン契約及び不動産売買契約は契約の相手方の承諾の意思表示と合致しないと購入希望者との間で成立しませんから，各契約の相手方の承諾の意思表示が名義人を名義とする申込みの意思表示に対するものとしてされたときは，名義人によるものとして各契約申込みの意思表示の表示行為がされた以上，これに対する契約の相手方の承諾の意思表示の表示行為と合致し，上記各表示行為の合致により契約が成立し，不動産売買契約について言えば売主と買主（名義人）との間で成立したことになります。したがって，不動産の売主から所有権を取得するのは買主（名義人）であり，購入希望者は買主（名義人）から移転を受けることによってその所有権を取得するということになります。誰と誰との間でどういう法律関係が問題になっているのかを明確に区別して法的に解決すべき問題が何かを的確に把握する必要があり，不動産売買契約の当事者間の法律関係と買主名義人及び委任者間の法律関係とは区別して考える必要があるのです（**図5**参照）。

図5：意思表示の成立（契約の締結）に関する原則の適用
[知人に依頼して住宅ローンの借受名義人，不動産売買契約の買主になってもらい，借受名義人の口座に住宅ローンの返済金を振り込み，自分がその住宅に居住していた場合]

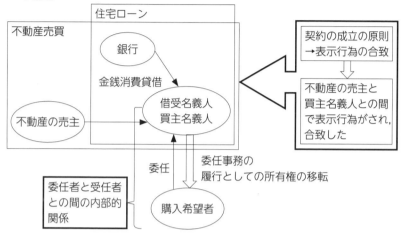

　民事訴訟実務において具体的な問題に取り組む際には，その問題に関連する様々な事柄（事実，経験則，法規範，視点等）の集合体を俯瞰して全体の構造をとらえ，その問題を全体の構造の中に的確に位置付け，認定判断の基軸となるものを見いだすことが必要，かつ，有益です。契約の当事者が誰かをめぐる紛争については，契約に関連する様々な事柄がありますが，前記のとおり，当事者とその当事者がした意思表示とは一体不可分であると考えられますから，意思表示の成立に関する表示主義は意思表示の主体についても妥当すると考えるべきです。したがって，表示行為により主体が一義的に確定できるときは表示行為どおりの主体により当該意思表示がされたものとして認定すべきであり，表示行為によっては主体が一義的に確定できないときには各当事者の真意，表示行為に付与した意味を探求し，表示行為の客観的意味を確定して認定判断することになります。これが契約の当事者が誰かをめぐる紛争における認定基準となります。そうすると，意思表示の主体と計算の結果の帰属主体とが異なる場合には，両者の間の法律関係に基づく権利

義務の調整の問題になります。また、表示行為の合致が認められるけれども、意思表示は虚偽のものであり表示行為どおりの法的効果を生じさせないことにつき真意の合致があったとして争われる場合には、上記の原則により表示行為どおりの法的効果が発生することに対する障害事由（通謀虚偽表示の抗弁）が主張されているものとして位置付けることが理論的にも正しく、実用的であり、相当です。このように全体の構造をとらえ、問題を全体の構造の中に的確に位置付け、認定判断の基軸となるものを見いだすには、図を描いて視覚化して考えることが有用です。こうすれば、全体の構造、問題の位置付け、認定判断の基軸をとらえることができ、内心の意思に関する細微な論争や様々な証拠の存在に幻惑されて認定判断の基軸を看過したり過小評価したりすることがなくなります。

5 次に、契約の当事者、形式等の選択を制約する客観的諸条件について説明します。

民事訴訟では人間の営み（行為）そのものが対象となります。人間の営み（行為）は、主観的な行為ですが、これをめぐる様々な諸条件（本書ではこれを「客観的諸条件」と呼んでいます）による制約の下で行われ、規定され、時には決定付けられます。このような客観的諸条件には目に見えるものも見えないものもあります。十分な実務経験を積んだ裁判官ならば、事実認定をするにあたって、まず、ストーリーをつかみ、①合目的的な人間の営み（行為）という主観面と、②当該行為にかかわる客観的諸条件という客観面との両面から、しかも、③両者を相互に関連付けて見ていきます。その際、そのような客観的諸条件の下で、普通の人ならどのような行動を取るのが自然かを考え、これを視点として証拠や事実を見ていきます。訴訟代理人弁護士として立証活動をするにあたっては、以上のことを十分念頭において、状況に応じて適切かつ効果的な主張立証を行う必要があります。

(1) まず、契約の当事者、形式等の選択を制約するものではありませんが、一般論として、客観的諸条件が目に見える場合（**図6**を参照）について説明します。例えば、乗換駅と一体となった大型商業施設内の通路で歩行者同士が衝突した事故が発生し、衝突地点と衝突までの進行経路が争われる場合であれば、主観面（①）については各当事者が当日何をしようとして、どこ

に向かってどのように進行していたのかを押さえる必要があり，客観面（②）については乗換駅と一体となった大型商業施設内の構造，設備等の物理的状況，目的の場所を目指す人の流れ等を押さえる必要があります。そして，主観面と客観面の関係（③）については，現場の状況を示す共通の図面を作成し，この図面に各当事者の主張する経路を書き込み，これらと乗換駅と一体となった大型商業施設の構造，通路，設備等の物理的状況，目的の場所を目指す人の流れ等との関係を考察する必要があります。現場の状況を示す共通の1通の図面に各当事者の主張する経路を書き込むことが大切です。現場の状況を示す同じ内容の図面であっても，別々の紙にそれぞれが主張する経路を書き込むのでは，肝心な点が視覚されず，頭の中で経路を合成させて描くことになり，不正確になってしまうからです。

　各当事者の主張する経路が書き込まれた1通の図面を見ながら，衝突した歩行者がそれぞれ事故当日何をしようとして乗換駅と一体となった大型商業施設内を歩いていたかを探求し，これが分かると，内部の通路，柱その他の構築物，設備等から構成される状況の中に各当事者が主張する進行経路，衝突地点を位置付けて，各当事者の主張事実が外形的客観的事実に合致するかどうかを検討して正確に判断することができるようになります。

図6：客観的諸条件が目に見える場合

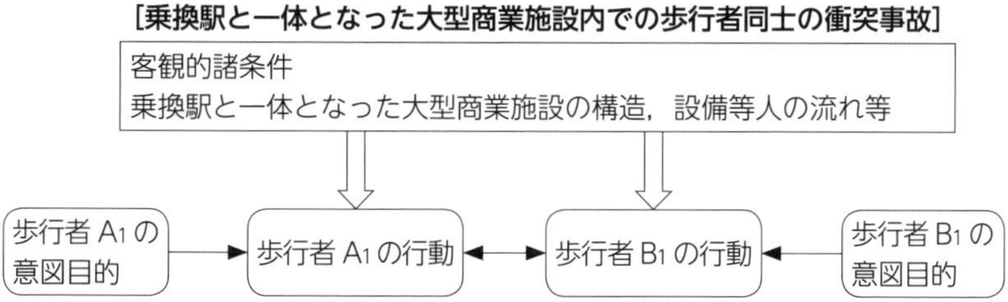

［乗換駅と一体となった大型商業施設内での歩行者同士の衝突事故］

客観的諸条件
乗換駅と一体となった大型商業施設の構造，設備等人の流れ等

| 歩行者 A_1 の意図目的 | → | 歩行者 A_1 の行動 | ↔ | 歩行者 B_1 の行動 | ← | 歩行者 B_1 の意図目的 |

（2）次に，客観的諸条件が視覚的には明らかでない場合（**図3**を参照）について補足します。その一例として，**ケース**に鑑み，契約（例えば，売買，消費貸借）についてその当事者が誰であるかに争いがあり，意思表示をした主体の点を含め，当該契約の申込みの意思表示が成立したかどうか，上記承諾の意思表示が成立したかどうかを認定するにあたって，何が客観的諸条件

となるかを検討する必要があります。

　契約について合致した表示行為によっては主体が一義的に確定できず，その当事者が誰であるかに争いがある場合（例えば，実在しない人物の氏名が用いられた場合）には，各当事者の真意，表示行為に付与した意味を探求し，表示行為の客観的意味を確定して認定判断することになります。この場合には，契約締結に至るストーリー（当該契約締結に至る経緯，関係者の思惑・意図，当該契約締結の趣旨目的）をとらえて検討しながら，契約の当事者，形式等の選択に関する客観的諸事情，その選択を決定付けた要因を探求して，真意の合致があったかどうかを認定判断する必要があります。契約の当事者，形式等の選択（効果意思及び表示行為の決定）は様々な客観的諸条件による制約を受けて行われます。そこで，何が客観的諸条件かを押さえる必要があり，そのためには事実関係を図示することが有用です。客観的諸条件が視覚的には明らかでない場合であっても，事実関係を図示することにより，客観的諸条件を目に見える形にして検討することが可能になります。主張や証拠を見ながら頭の中だけで考えるのではなく，事実関係を図に描き出して検討するようにしてください（**図3**，**図4**参照）。

　契約について合致した表示行為により主体が一義的に確定される場合において，意思表示は虚偽のものであり表示行為どおりの法的効果を生じさせないことにつき真意の合致があったとして争われるときには，前記のとおり，表示行為どおりの法的効果が発生することになることに対する障害事由（通謀虚偽表示の抗弁）が主張されているものとして位置付けるべきです。この場合には，合致した表示行為どおりの法的効果を生じさせないことにつき真意の合致があった旨の主張に沿うかのような文書が存在するときが特に問題になります。そのような場合には，関係者の思惑，意図だけでなく，契約締結に至るストーリーを検討しながら，契約の当事者，形式等の選択に関する客観的諸事情，その選択を決定付けた要因を探求して，合致した表示行為どおりの法的効果を生じさせないことにつき真意の合致があったかどうかを認定判断することになり，双方当事者が契約の当事者，形式等を選択することを決定付けた客観的な要因をつかむことが肝要です。合致した表示行為により契約が成立したことを主張する訴訟代理人弁護士としては，上記の主張に

沿うかのような文書の証明力を弾劾するため，契約締結に至る経緯，契約の趣旨目的等を踏まえ，当該契約をめぐる客観的諸条件の中でその当事者間で契約を締結することを決定付けた要因を明らかにし，当該要因を適切に位置付けて，これを要として表示行為が合致したことを主張立証するのが相当です。

6 関連する問題に触れて，以上との関係を整理しておきます。

(1) 預金の帰属が出捐者，預入行為者又は預入名義人のいずれかをめぐる紛争も，範疇としては契約の当事者が誰かをめぐる紛争に含まれます。そのうち定期預金契約については原則として出捐者をもって預金者と解すべきものとする考え方が採られています（無記名定期預金につき最三小判昭和48・3・27民集27巻2号376頁，記名式定期預金につき最二小判昭和52・8・9民集31巻4号742頁）が，上記第三小法廷判決が説示するとおり，「無記名定期預金契約が締結されたにすぎない段階においては，銀行は預金者が何人であるかにつき格別利害関係を有するものではないから，出捐者の利益保護の観点から，右のような特段の事情のない限り，出捐者を預金者と認めるのが相当」であるとする考え方に基づくものです。したがって，これは上記に引用した事実認識を前提とする定期預金の帰属に関する判断に限り妥当するものであり，ここではこれ以上立ち入りませんが，これを直ちに契約の当事者が誰かをめぐる紛争一般に妥当する先例として取り扱うのは相当ではなく，例えば，売買契約において買受けの意思表示をした者ではなく，売買代金を出捐した者が買主であるとする考え方は，採用し難いことになります。

(2) 契約の当事者が誰かを争う論争ではありませんが（したがって，誰が申込みの意思表示をし，誰が承諾の意思表示をし，これらが合致して契約が成立したかという問題の場面ではありませんが），契約書の条項の文言が一義的に明らかではなく，各当事者がそれぞれ別の意味を託していて契約条項の内容に争いがある場合には，契約書の文言のほか，契約締結に関する諸般の事情を勘案して，争いがある点について当事者間にどのような意思の合致があったのかがまず探求されるべきであり，意思の合致があったことが証明されないときには，契約書の文言が通常有する意味に鑑み，合理的な意思解釈を行って判断することになります（共同企業体を請負人とする請負契約に

おける請負人「乙」に対する公正取引委員会の排除措置命令又は課徴金納付命令が確定した場合「乙」は注文者「甲」に約定の賠償金を支払うとの約款の条項の下で成立した合意の解釈について判示している最二小判平成26・12・19判時2247号27頁の法廷意見及び千葉勝美裁判官の補足意見参照）。

まとめ

1 契約の当事者が誰かをめぐる紛争は，誰と誰との間で契約が成立したかを問う問題にほかならず，当事者とその当事者がした意思表示とは一体不可分であると考えられるから，意思表示の成立に関する表示主義は意思表示の主体についても妥当する。誰が申込みの意思表示をし，誰が承諾の意思表示をし，これらが合致して契約が成立したかを認定判断することにより決すべきであり，合致した表示行為により認定判断するのが原則である。

(1) したがって，①表示行為により主体が一義的に確定できるときは表示行為どおりの主体により当該意思表示がされたものとして認定すべきであり，②表示行為によっては主体が一義的に確定できないときには各当事者の真意，表示行為に付与した意味を探求し，表示行為の客観的意味を確定して認定判断することになる。これが契約の当事者が誰かをめぐる紛争における認定基準となる。

(2) 上記(1)の①により認定して意思表示の主体と計算の結果の帰属主体とが異なることとなる場合には，両者の間の法律関係に基づく権利義務の調整の問題になる。

(3) 上記(1)の①により表示行為の合致が認められるけれども，意思表示は虚偽のものであり表示行為どおりの法的効果を生じさせないことにつき真意の合致があったとして争われる場合には，上記表示主義の原則により表示行為どおりの法的効果が発生することになることに対する障害事由（通謀虚偽表示の抗弁）が主張されているものとして位置付けるべきである。

(4) 上記(1)の②のとおり表示行為によっては主体が一義的に確定できない場合には，関係者の思惑・意図だけでなく，契約締結に至るストーリーを検討しながら，契約の当事者，形式等の選択に関する客観的諸事情，その選択

を決定付けた要因を探求して，各当事者の真意，表示行為に付与した意味を探求し，表示行為の客観的意味を確定して認定判断する。

(5) 上記(3)の場合には，合致した表示行為どおりの法的効果を生じさせないことにつき真意の合致があった旨の主張に沿うかのような文書が存在するときが特に問題になる。そのような場合には，関係者の思惑・意図だけでなく，契約締結に至るストーリーを検討しながら，契約の当事者，形式等の選択に関する客観的諸事情，その選択を決定付けた要因を探求して，合致した表示行為どおりの法的効果を生じさせないことにつき真意の合致があったかどうかを認定判断する。双方当事者が契約の当事者，形式等を選択することを決定付けた客観的な要因をつかむことが肝要である。

合致した表示行為により契約が成立したことを主張する訴訟代理人弁護士としては，上記の主張に沿うかのような文書の証明力を弾劾するため，契約締結に至る経緯，契約の趣旨目的等を踏まえ，当該契約をめぐる客観的諸条件の中でその当事者間で契約を締結することを決定付けた要因を明らかにし，当該要因を適切に位置付けて，これを要として表示行為が合致したことを主張立証するのが相当である。

こうすることによって契約の当事者が誰かをめぐる論争に勝つことができる。

2 ケースにおいては，Sの訴訟代理人弁護士は，裁判所に対し，上記1の原則を確認した上で，概要，次のとおり主張すべきである。

(1) まず，本件金銭消費貸借証書が作成されており，その記載内容は一義的に明らかであるから，記載内容どおり，Sが主張する金銭消費貸借契約の申込みの意思表示がされたこと，承諾の意思表示がされたこと及びこれらが合致したことの各事実が認められ，合致した表示行為どおり，Aが貸主となって乙会社及びBを連帯債務者として1800万円を貸し渡したとの事実が証明されていること，以上の各点を説明すべきである。

(2) 次に，Bの前記主張は，意思表示は虚偽のものであり表示行為どおりの法的効果を生じさせないことにつき真意の合致があったとして，表示行為どおりの法的効果が発生することに対する障害事由（通謀虚偽表示の抗弁）が主張されているものとして位置付けるべきことを説明する。その上で，B

が有力な証拠として挙げる①本件覚書及び②貸主を甲社，借主を乙社とし，乙社の記名押印のある1800万円の金銭消費貸借証書では，Aが甲社の代表者として上記証書に基づく乙社の借入れの申込みの意思表示を承諾したことが証明されているとは言えないことを分かりやすく説明する。ここでは，法的な説明をするだけではなく，詳細な事実経過を踏まえ，契約の当事者，形式及び内容を選択する上でCの要求が決定的に重要な意義を有したことを力説して，Bの主張が採用し難いものであることを説明することが肝要である。

実践的ケース 2-2

要式行為の要件該当性をめぐる論争でナビゲーターとなるものは何か

遺言者の署名押印はあるが本文の筆跡が自筆かが争われている自筆証書遺言の効力をめぐる紛争

Summary

　実際にされた表示行為が要式行為の要件を備えていて効力を生じるかどうかは，要式行為を定める法令の根拠規定の趣旨目的に照らして判断されるから，実際にされた表示行為が要式行為の所定の要件を備えておらず無効であると主張する場合には，要式行為を定める法令の根拠規定の趣旨目的を十分踏まえて所定の要件の意義を明らかにし，これを備えていない以上無効となるゆえんを説得力をもって的確に主張立証する必要がある。

Introduction

　意思表示や法律行為で，書面によるなど一定の方式によってなされなければならないと法令が規定しているものを要式行為といいます。法的に解決すべき問題の判断枠組みを検討するにあたり，法令の根拠規定にあたってその趣旨目的を確認することは，法曹にとって基本中の基本であり，とても大切なことです。ここでは要式行為の例として民法968条が定める自筆証書遺言を取り上げ，同条の趣旨目的は何か，自筆証書遺言が同条1項所定の要件を備えて効力を生じるかどうかはどのようにして認定判断することになるのかを見てみたいと思います。

　実際に作成された自筆証書が同条1項所定の要式行為の要件を備えているかどうかが争われることは少なくありません。次の**ケース**に即し，実際に作成された自筆証書が同条1項所定の要件を備えているかどうかが裁判所でどのように認定判断されるのかを見て，自筆証書が所定の要件を備えておらず無効であると主張する訴訟代理人弁護士は，どのように主張立証すべきかについて考えてみましょう。

ケース

　資産家の甲には推定相続人として長女A及び長男Bの2名がおり，甲はBと同居していた。甲が死亡した後，長男Bは甲の自筆証書（遺言書）を保管していたとして家庭裁判所に上記自筆証書（以下「本件自筆証書」という）を提出してその検認を請求した。本件自筆証書には甲の全財産をBに相続させる旨の記載があった。甲の長女Aは，上記検認に立ち会ったが，甲から生前そのような内容の遺言をしたという話を聞いておらず，本件自筆証書の筆跡を見ても，甲の署名は見慣れた甲の筆跡と似ているが，本文や日付の筆跡は見慣れた甲の筆跡とは異なるものであるという印象を受け，本件自筆証書による遺言（以下「本件自筆証書遺言」という）の効力に疑問を抱いた。AはBにこのことを告げて相続について話合いを求めたが，Bは本件自筆証書遺言の効力に問題はないと主張して譲らず，話合

いは平行線に終わった。
　Aは弁護士を訴訟代理人に選任して本件自筆証書遺言の無効確認を請求する訴訟を提起した。
　Bも弁護士を訴訟代理人に選任し，本件自筆証書は，甲の署名押印があるから，民事訴訟法228条4項により全部真正なものと推定されるのであり，本件自筆証書遺言の効力に問題はないと主張し，甲がBに面倒を見てもらって感謝し，Bに全財産を譲り，墓守を託したいと述べていた旨のBの陳述書を提出するなどして争った。
　Aの訴訟代理人弁護士は，本件自筆証書遺言の無効事由としてどのような点を主張立証すべきか。

解説

1　表示者の意思に基づいて意思表示がされることと表示者本人が意思表示を内容とする文書を自書することとは同一のことではありません。これを図示すれば，**図**のとおりです。

2　民法968条は，1項において「自筆証書によって遺言をするには，遺言者が，その全文，日付及び氏名を自書し，これに印を押さなければならない。」と規定し，2項において「自筆証書中の加除その他の変更は，遺言者が，その場所を指示し，これを変更した旨を付記して特にこれに署名し，かつ，その変更の場所に印を押さなければ，その効力を生じない。」と規定しています。同条の趣旨は，遺言が単独行為であり，相続開始により相続財産を処分する効力を生ずることから，遺言者が全文，日付及び氏名を自書したという事実自体によりその意思を明確にし，相続人その他の関係者間の紛争を防止することにあると解するのが相当です。同条の文言及び趣旨によれば，同条1項が定めるとおり，遺言者が，その全文，日付及び氏名を自書し，これに印を押さなければ自筆証書遺言は無効であると解するのが相当です。同項所定の要件を備えない文書が，仮に遺言者の意思に基づいて作成されたものであることが自書以外の方法で証明されたとしても，当該文書は自筆証書遺言の効力を有しないというべきです。もっとも，上記の自筆証書

図：法が要式行為として表示者本人が全文，日付及び氏名を自書することを要件とすることと表示者の意思との関係

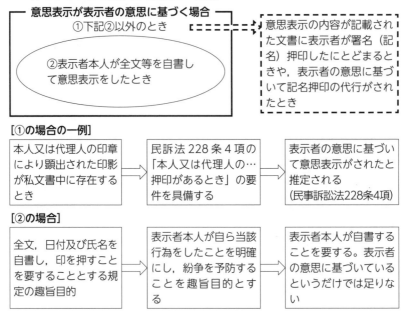

遺言の厳格な方式については，法制審議会民法（相続関係）部会において相続法制の見直しの調査審議の一環として審議が重ねられ，平成28年6月21日に取りまとめられた「民法（相続関係）等の改正に関する中間試案」において，現行の自筆証書遺言の方式を緩和し，全文の自筆を要求している点を見直し，遺贈等の対象となる財産の特定に関する事項については自筆でなくてもよいものとする方向が打ち出されています（見直しの要点及び説明につき，法務省民事局参事官室「民法（相続関係）等の改正に関する中間試案の補足説明〔平成28年7月〕」36頁～38頁参照）。

なお，押印については，最高裁平成元年2月16日第一小法廷判決（民集43巻2号45頁）は，「自筆証書によって遺言をするには，遺言者が遺言の全文，日付及び氏名を自書した上，押印することを要するが（民法968条1項），右にいう押印としては，遺言者が印章に代えて拇指その他の指頭に墨，朱肉等をつけて押捺すること（以下「指印」という。）をもって足りるもの

と解するのが相当である。けだし，同条項が自筆証書遺言の方式として自書のほか押印を要するとした趣旨は，遺言の全文等の自書とあいまって遺言者の同一性及び真意を確保するとともに，重要な文書については作成者が署名した上その名下に押印することによって文書の作成を完結させるという我が国の慣行ないし法意識に照らして文書の完成を担保するにあると解されるところ，右押印について指印をもって足りると解したとしても，遺言者が遺言の全文，日付，氏名を自書する自筆証書遺言において遺言者の真意の確保に欠けるとはいえないし，いわゆる実印による押印が要件とされていない文書については，通常作成者の指印があれば印章による押印があるのと同等の意義を認めている我が国の慣行ないし法意識に照らすと，文書の完成を担保する機能においても欠けるところがないばかりでなく，必要以上に遺言の方式を厳格に解するときは，かえって遺言者の真意の実現を阻害するおそれがあるものというべきだからである。」と判示して，自筆証書における押印は，指印をもって足りるとしています。

　また，最高裁平成28年6月3日第二小法廷判決（裁時1653号2頁）は，「花押を書くことは，印章による押印とは異なるから，民法968条1項の押印の要件を満たすものであると直ちにいうことはできない。」「そして，民法968条1項が，自筆証書遺言の方式として，遺言の全文，日付及び氏名の自書のほかに，押印をも要するとした趣旨は，遺言の全文等の自書とあいまって遺言者の同一性及び真意を確保するとともに，重要な文書については作成者が署名した上その名下に押印することによって文書の作成を完結させるという我が国の慣行ないし法意識に照らして文書の完成を担保することにあると解されるところ（最高裁昭和62年（オ）第1137号平成元年2月16日第一小法廷判決・民集43巻2号45頁参照），我が国において，印章による押印に代えて花押を書くことによって文書を完成させるという慣行ないし法意識が存するものとは認め難い。」「以上によれば，花押を書くことは，印章による押印と同視することはできず，民法968条1項の押印の要件を満たさないというべきである。」と判示しています。

3 　ポイントをつかんでこそ，争点をめぐる論争を勝ち抜くことができます。要式行為の要件該当性をめぐる論争でナビゲーターとなるのは，

要式行為を定める根拠規定の趣旨目的です。これを踏まえた主張立証をすることがポイントになります。**ケース**では，遺言者が全文，日付及び氏名を自書したという事実自体によりその意思を明確にして相続人その他の関係者間の紛争を防止することが民法968条1項の趣旨であることがポイントであり，この趣旨及び同項の文言によれば，遺言者が，その全文，日付及び氏名を自書し，これに印を押さなければ自筆証書遺言は無効であると解することになります。

ケースで被告Bの訴訟代理人弁護士が行ったように，自筆証書に遺言者の署名押印があるから民事訴訟法228条4項により全部真正なものと推定されるのであり，その効力に問題はないと主張された場合には，民法968条1項の趣旨を明快に説明して反論しておくことが大切です。文書の真正の推定規定，2段階の推定に慣れているだけに誤導される事態も考えておかなければなりません。訴訟代理人弁護士としては，黙っていても裁判所はきちんと判断してくれるなどと期待せずに，自己の責任において行うべきことをきちんと行うことが肝要です。

原告Aの訴訟代理人弁護士は，本件自筆証書遺言の無効事由として上記のように主張すべきであり，立証活動としては，甲の筆跡の文書（日記，手紙，メモ類）が証拠として提出されるようにすべきです。**ケース**では，甲はBと同居していたというのですから，本件自筆証書の筆跡との対照のために必要であることを主張して，対照の用に供すべき筆跡又は印影を備える文書その他の物件の提出を求める文書提出命令の申立て（民事訴訟法229条1項・2項）をするなどして働きかけるのが相当です。その決め手は準備書面による主張です。前記のように主張して裁判所を説得し，本件自筆証書の筆跡との対照のために必要であると考えるように持っていくのです。そうすれば，裁判所は相手方に対し甲の筆跡の文書（日記，手紙，メモ類）をできるだけ多く証拠として提出するよう求めることでしょう。

参考：民事訴訟法229条1項
　文書の成立の真否は，筆跡又は印影の対照によっても，証明することができる。

> 同条2項
> 　第219条（書証の申出），第223条（文書提出命令），第224条第1項及び第2項（当事者が文書提出命令に従わない場合等の効果），第226条（文書送付の嘱託）並びに第227条（文書の留置）の規定は，対照の用に供すべき筆跡又は印影を備える文書その他の物件の提出又は送付について準用する。

4　**ケース**については以上のとおりですが，一口に要式行為といっても，満たすべき要式の内容，程度は根拠規定ごとに異なります。これらを比較対照することは考察の幅を広げ，深く検討するために有益ですから，ここで民事訴訟実務上よく問題になる要式行為等を一瞥しておきます。要式行為を定める根拠規定の趣旨目的に注目して読んでください。

(1)　契約は口頭の合意だけで成立するのが原則であり，かつては保証契約もその例外ではなく，諾成契約の1つでしたが，平成16年法律第147号による民法の一部改正により追加された民法446条2項は，「保証契約は，書面でしなければ，その効力を生じない。」と規定して書面の作成が効力要件である旨を明らかにし，保証契約を要式行為とするに至っています。同項が追加された趣旨は，保証契約が無償で情義に基づいて行われることが多いことや，保証人において自己の責任を十分に認識していない場合が少なくないことなどから，保証を慎重にさせることにあると説明されています（吉田徹＝筒井健夫編著『改正民法の解説——保証制度・現代語化』〔商事法務，2005年〕12頁等）。

同項と**ケース**で検討する民法968条1項とを比較すると，①後者は，「自筆証書によって遺言をするには，遺言者が，その全文，日付及び氏名を自書し，これに印を押さなければならない。」と規定しており，自筆証書遺言は同項の文言どおり遺言者が，その全文，日付及び氏名を自書し，これに印を押さなければならないことが明らかですが，②前者（同法446条2項）は自筆でしなければならないと規定しているわけではなく，書面でしなければ，その効力を生じないと規定しているにとどまります。このように両者の文言の違いは明らかであるため，同項が定める書面でするとは，どのようにして

作成された書面であればこれに当たるのかを検討する必要があります。

この点に関し，東京高裁平成24年1月19日判決（金法1969号100頁〔最三小決平成25・1・15平成24年（オ）第746号，同年（受）第895号上告棄却決定，同不受理決定〕）は，一般論として，次のとおり説示しています。「保証契約は，書面でしなければその効力を生じないとされているところ（民法446条2項），同項の趣旨は，保証契約が無償で情義に基づいて行われることが多いことや，保証人において自己の責任を十分に認識していない場合が少なくないことなどから，保証を慎重にさせるにある。同項のこの趣旨及び文言によれば，同項は，保証契約を成立させる意思表示のうち保証人になろうとする者がする保証契約申込み又は承諾の意思表示を慎重かつ確実にさせることを主眼とするものということができるから，保証人となろうとする者が債権者に対する保証契約申込み又は承諾の意思表示を書面でしなければその効力を生じないとするものであり，保証人となろうとする者が保証契約書作成に主体的に関与した場合その他その者が保証債務の内容を了知した上で債権者に対して書面で明確に保証意思を表示した場合に限り，その効力を生ずることとするものである。したがって，保証人となろうとする者がする保証契約申込み又は承諾の意思表示は，口頭で行ってもその効力を生じず，保証債務の内容が明確に記載された保証契約書又はその申込み若しくは承諾の意思表示が記載された書面にその者が署名し若しくは記名して押印し，又はその内容を了知した上で他の者に指示ないし依頼して署名ないし記名押印の代行をさせることにより，書面を作成した場合，その他保証人となろうとする者が保証債務の内容を了知した上で債権者に対して書面で上記と同視し得る程度に明確に意思表示をしたと認められる場合に限り，その効力を生ずるものと解するのが相当である。」

(2) また，労働組合法14条は，「労働組合と使用者又はその団体との間の労働条件その他に関する労働協約は，書面に作成し，両当事者が署名し，又は記名押印することによってその効力を生ずる。」と規定しています。最高裁平成13年3月13日第三小法廷判決（民集55巻2号395頁）は，労働組合と使用者の間の労働条件その他に関する合意で書面の作成がなく又は作成した書面に両当事者の署名及び記名押印がないものの労働協約としての規範

的効力について，次のとおり判示しています。「労働協約は，利害が複雑に絡み合い対立する労使関係の中で，関連性をもつ様々な交渉事項につき団体交渉が展開され，最終的に妥結した事項につき締結されるものであり，それに包含される労働条件その他の労働者の待遇に関する基準は労使関係に一定期間安定をもたらす機能を果たすものである。労働組合法は，労働協約にこのような機能があることにかんがみ，16条において労働協約に定める上記の基準が労働契約の内容を規律する効力を有することを規定しているほか，17条において一般的拘束力を規定しているのであり，また，労働基準法92条は，就業規則が当該事業場について適用される労働協約に反してはならないこと等を規定しているのである。労働組合法14条が，労働協約は，書面に作成し，両当事者が署名し，又は記名押印することによってその効力を生ずることとしているゆえんは，労働協約に上記のような法的効力を付与することとしている以上，その存在及び内容は明確なものでなければならないからである。換言すれば，労働協約は複雑な交渉過程を経て団体交渉が最終的に妥結した事項につき締結されるものであることから，口頭による合意又は必要な様式を備えない書面による合意のままでは後日合意の有無及びその内容につき紛争が生じやすいので，その履行をめぐる不必要な紛争を防止するために，団体交渉が最終的に妥結し労働協約として結実したものであることをその存在形式自体において明示する必要がある。そこで，同条は，書面に作成することを要することとするほか，その様式をも定め，これらを備えることによって労働協約が成立し，かつ，その効力が生ずることとしたのである。したがって，書面に作成され，かつ，両当事者がこれに署名し又は記名押印しない限り，仮に，労働組合と使用者との間に労働条件その他に関する合意が成立したとしても，これに労働協約としての規範的効力を付与することはできないと解すべきである。」

　(3)　なお，書面によらない贈与は，原則として各当事者が撤回することができます（民法550条本文）が，これは書面の作成を贈与の効力要件とするものではありません。

まとめ

　要式行為の要件該当性をめぐる論争においては，要式行為を定める根拠規定の趣旨目的が重要であるから，これを十分調査して確認した上でその趣旨目的を踏まえて主張立証をすべきである。

　訴訟代理人弁護士として自筆証書遺言の無効を主張する場合には，民法968条の趣旨目的が，遺言が単独行為であり，相続開始により相続財産を処分する効力を生ずることから，遺言者が全文，日付及び氏名を自書したという事実自体によりその意思を明確にし，相続人その他の関係者間の紛争を防止することにあることを明快に説明し，同条1項の文言どおり，遺言者が，その全文，日付及び氏名を自書し，これに印を押さなければ自筆証書遺言は無効であると解すべきである旨を力説すべきである。立証活動としては，遺言者の筆跡の文書（日記，手紙，メモ類）が証拠として提出されるように適切な措置を採るのが相当である。

　ケースでは，Aの訴訟代理人弁護士は，上記のとおり民法968条1項の趣旨目的を説明し，本件自筆証書遺言が有効であるためには本件自筆証書の本文についても甲がこれを自書したことが必要であることを力説し，本件自筆証書に甲の署名押印があるから本件自筆証書は民事訴訟法228条4項により全部真正なものと推定され，その効力に問題はないとするBの訴訟代理人弁護士の主張に対しては，民法968条1項の趣旨目的を説明して明快に反論しておくことが大切である。民事訴訟実務の一部ではこの点が正確に理解されていないようであり，注意を要する。立証活動としては，甲の筆跡の文書（日記，手紙，メモ類）が証拠として提出されるように適切な措置（文書提出命令の申立て等）を採るべきである。

実践的ケース 2-3 保証契約の書面の一体性をめぐる論争で決め手となるのは何か

保証人の署名押印が契約書本体との間に割印はない書面（リース契約書冊子の最終葉にセロテープを貼って継ぎ足された紙片）に存在する保証契約の効力をめぐる紛争

Summary

保証契約を書面でしたというためにはその前提として書面の一体性が必要であるが，この点に疑義がある場合には，まず，当該書面が作成されるに至ったストーリーを明確にし，書面の一体性を証言等で証明する必要がある。

Introduction

　民法446条2項は,「保証契約は,書面でしなければ,その効力を生じない。」と規定して書面の作成が効力要件である旨を明らかにし,保証契約を要式行為としています。始めから保証契約が1通の書面として作成されていて保証人の署名押印がされている場合には,書面の一体性に問題はありません。保証契約が複数枚にわたって記載されていても,冊子として綴じ込まれていてその一部に保証人の署名押印がされている場合も,書面の方式自体により1通の書面であること(書面の一体性)が外観上明らかですから,書面の一体性に問題はありません。これらの場合において,書面の記載内容だけで保証契約の締結が明らかであるときには,保証契約を書面でした(民法446条2項)と言うことができます。これに対し,一見保証契約が書面でされたように見えるときでも,書面の方式自体により1通の書面であること(書面の一体性)が自明であると言えない場合には,書面の一体性が争われることがあります。保証契約を書面でしたと言うためにはその前提として書面の一体性が必要です。保証契約を書面でしたと主張する側は,書面の一体性が争われた場合には,どのように主張立証したらよいでしょうか。

　ケースに即し,実際に作成された書面について書面の一体性が争われた場合に,裁判所ではこの点についてどのように認定され,同項所定の要件を満たしているかどうかについて認定判断されるのかを見て,保証契約を書面でしたと主張する側がどのように主張立証すべきか考えてみましょう。

ケース

1　実質的には個人企業である甲社の代表者乙は,リース会社Aに対し,業務に使用する設備機器一式のリース契約の申込みをした。A社の担当者(以下「本件契約担当者」という)は,甲社のこれまでの実績,乙の年収,リース契約の目的物の価格が大きいことなどを考慮し,内規に照らし,保証人には乙だけでなく,甲社の役員以外の者で資力のあるものにもなってもらう必要があると判断し,乙に対しその旨を告げ,甲社の役員以

外の者で資力のあるものに依頼して保証人になってもらうよう求めた。その後，本件契約担当者は，乙から保証人になってくれる人Bが見つかったという連絡を受けたので，乙とリース契約締結の日時を打ち合わせ，甲社の事務所に出向くことになり，乙に対し，当日Bも同席すること，乙からリース契約の内容をBに説明しておくことを求めた。

本件契約担当者は，A社が使用している定型書式のリース契約書に必要な事項を記載し，指定された日時に甲社の事務所を訪れた。このリース契約書は横書きで，表題とリース契約の条項，リース物件等が記載された部分に続き，末尾に賃借人欄と1人分の保証人欄が印刷されていて，左端がしっかり綴じ込まれている冊子である。本件契約担当者は，上記のとおり用意してあったリース契約書の賃借人欄に甲社代表者乙の記名押印をさせるとともに，保証人欄に乙に署名押印させた。その時点で，本件契約担当者は，保証人欄が1人分用の定型のリース契約書を持ってきていたことに気がついた。このリース契約書には更にもう1名分の保証人欄を加えるだけの余白がなかったため，本件契約担当者は，このリース契約書の最終葉の1人分の保証人欄（乙が署名押印した欄）に続き，最終葉の右端に白紙を重ね，裏からセロテープを貼って固定した（後記図2参照）。本件契約担当者は，Bに対し，セロテープを貼って固定した白紙部分にBの住所を記載し，「同」と記載して署名押印するよう求めた。Bは指示されたとおりに記載して署名押印した。本件契約担当者がBに対しリース契約の内容を説明し，保証意思を確認したかどうかについては，後記のとおり当事者間に争いがある。

2 その後，甲社はリース期間の途中でリース料を支払えなくなり，A社は相当期間を定めて未払リース料の支払を催告した上でリース契約を解除した。A社は，訴訟代理人に弁護士を選任し，甲社，乙及びBに対し，未払リース料及び違約金の支払並びにリース物件の返還等を求める訴訟を提起した。

甲社及び乙は，A社の請求を争わず，口頭弁論期日にも出頭しなかった。A社は，その後乙とは連絡が取れない状態になった。

これに対し，Bは，訴訟代理人に弁護士を選任し，次のように主張して保証契約の締結を否認してA社の請求を争った。すなわち，知人であった乙が一般財団法人丙を設立するにあたってBに評議員になるよう依頼した

ので，Ｂはこれを承諾し，乙から多くの書類に署名押印するよう求められたので，これに応じた。Ｂが上記日時に甲社の事務所にいたのも一般財団法人丙の評議員に就任するために必要な書類等に署名押印するためであり，甲社のリース契約に基づく債務を保証する保証人になるという話は全く聞いていなかった。リース契約書末尾の裏からセロテープを貼って固定した白紙部分に「同」という記載及びＢの住所の記載があり，Ｂの署名押印があることは認めるが，このように記載し，署名押印した当時，リース契約書の冊子と一体となっていたという記憶自体がなく，甲社のリース契約に基づく債務を保証することになるという認識はなかった。Ｂは，乙からは一般財団法人丙の評議員に就任するために必要な書類の１つであるという説明を受けていたのであり，この説明を信じ，言われるままに上記のとおり記載し，署名押印したのであって，白紙部分以外には目を通していないから，実際に何が記載されていたのかは知らなかった。Ｂは，あくまでも一般財団法人丙の評議員に就任するために必要な書類の１つであると考えて上記のとおり記載し，署名押印した。本件契約担当者も当日リース契約については内容を説明せず，Ｂの保証意思を確認しなかった。仮にＡ社が主張するとおり本件契約担当者がＢに対しリース契約の内容を説明し，保証意思を確認したのであれば，定型書式のリース契約書の末尾の右端と裏からセロテープを貼って継ぎ足した紙片とのつなぎ目部分にＢの印章で割印が押されたはずである。実際にはそのような割印は存在しないのであり，本件契約担当者がＢに対しリース契約の内容を説明して保証意思を確認したという事実が存在しない何よりの証左である。Ｂは以上のように主張する。

3 Ａ社の訴訟代理人弁護士は，Ｂの上記主張に対し，どのように主張立証すべきか。定型書式のリース契約書の末尾の右端に継ぎ足された紙片が裏からセロテープを貼って固定されていた場合と，糊付けして固定されていた場合とで違いはあるか。

解説

1 平成16年法律第147号による民法の一部改正により追加された民法446条２項の趣旨については，保証契約が無償で情義に基づいて行わ

れることが多いことや，保証人において自己の責任を十分に認識していない場合が少なくないことなどから，保証を慎重にさせることにあると説明されており，同項の文言及び趣旨によれば，保証債務の内容が明確に記載された保証契約書又はその申込み若しくは承諾の意思表示が記載された書面にその者が署名し若しくは記名して押印し，又はその内容を了知した上で他の者に指示ないし依頼して署名ないし記名押印の代行をさせることにより，書面を作成した場合，その他保証人となろうとする者が保証債務の内容を了知した上で債権者に対して書面で上記と同視し得る程度に明確に意思表示をしたと認められる場合に限り，その効力を生ずるものと解するのが相当であると思われます（実践的ケース2-2参照）。このこととの関係で，保証債務の履行を求める訴訟で保証意思が否認された場合において，保証契約に係る書面に保証人としての署名（記名）押印があるときは，民事訴訟法228条4項により当該書面全体につき文書の成立の真正が推定されて保証契約の成立が肯定されることになりますから，保証契約に係る書面全体につき同項による推定が働くかどうかが実際上重要な分岐点になります。保証契約に係る書面の一体性が認められるかどうかが重要な意義を有する場面が生ずるゆえんです。保証契約に係る書面の一体性が認められれば，当該書面全体につき同項の推定が働きますが，保証契約に係る書面に署名（記名）押印した場合であっても，署名（記名）押印した部分が存在する紙片と保証契約に係る書面のその余の部分が存在する紙片とが一体のものと認められないときは，署名（記名）押印した部分が存在する紙片だけにつき同項の適用があることになり，当該紙片に記載された内容だけで保証契約を書面でしたと言えるかどうかを検討することになります。後者の場合には，署名（記名）押印した部分が存在する紙片に保証契約の内容及び同保証契約の保証人になる旨の記載がない限り，保証契約を書面でしたと言うことができなくなりますから，保証契約に係る書面の一体性が認められるかどうかは，実際上保証契約を書面でしたと言えるかどうかを左右する分岐点になることがあります。これを図示すれば，**図1**のとおりです。なお，**ケース**の白紙を貼った状況も**図2**に示します。

2 **ケース**では，原告A社が使用している定型書式のリース契約書は，横書きで，表題とリース契約の条項，リース物件等が記載された部分

2. 論争を勝ち抜くために

図1：保証契約に係る書面と民事訴訟法 228 条 4 項による真正に成立した旨の推定の関係

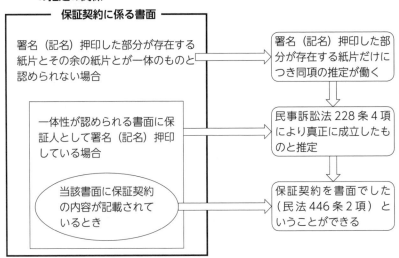

図2：ケースの白紙を貼った状況

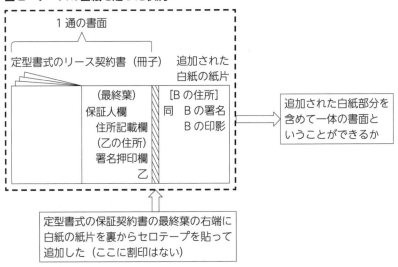

に続き，末尾に賃借人欄と1人分の保証人欄が印刷されているものであって，各葉の左端がしっかり綴じ込まれている冊子です。この冊子は1通の書面として作成されていることが外観上明らかであり，書面の方式自体により書面の一体性が認められますから，この冊子中の保証人欄に署名押印があれば，「私文書は，本人又はその代理人の署名又は押印があるときは，真正に成立したものと推定する。」と規定する民事訴訟法228条4項により，この冊子全部につき真正に成立したものと推定されることになります。しかしながら，**ケース**で保証債務の成否を争っている被告Bが署名押印した箇所は，この冊子中にもともと設けられていた保証人欄ではなく，余白がないためにこの冊子の最終葉の右端に裏からセロテープを貼って継ぎ足された白紙でした。上記冊子とBが住所等を記載し，署名押印した紙片とが1通の書面として書面の一体性が認められるかどうかがここで検討すべき問題です。Bが署名押印した紙片と上記冊子（リース契約書）とが一体のものと認められないときは，Bが署名押印した紙片だけにつき文書の成立の真正を推定する民事訴訟法228条4項が適用されることになり，当該紙片に記載された内容だけで，Bがリース契約についての保証契約を書面でしたと言えるかどうかを検討することになります。

　Bが住所等を記載して署名押印した紙片は，本件契約担当者がリース契約書の最終葉の右端に裏からセロテープを貼って継ぎ足されたものであり，確かに，いささか心もとない観があり，出来上がったリース契約書に後から別の書類から切り取ってきた紙片を貼りつけた可能性を想起させないものでもありません。Bが主張するように，定型書式のリース契約書の末尾の右端と裏からセロテープを貼って継ぎ足された紙片とのつなぎ目部分にBの印章で割印が押されていないと，書面の一体性を肯定することは相当ではないように思えないこともありません。しかし，取引観念はそこまで厳格ではなく，つなぎ目部分にBの印章で割印がなくても1通の書面として書面の一体性が認められることがあり得るのではないでしょうか。そうであるとすれば，リース契約書の最終葉の右端にこの紙片が裏からセロテープを貼って継ぎ足された場合であっても，糊付けして固定された場合であっても，さらには，ホッチキスで止められていた場合であっても，つなぎ目部分にBの印章で

割印がなくても1通の書面として書面の一体性が認められることがあり得るということになるでしょう。要は，なぜリース契約書の最終葉の右端にこの紙片が裏からセロテープを貼って継ぎ足されたのかというストーリーに説得力があるかどうかの問題なのであり，最終葉の右端に白紙を重ね，裏からセロテープを貼って固定したことを証言する本件契約担当者の証言を採用することができるならば，1通の書面として書面の一体性を認めることができるのであり，裏からセロテープを貼ったものであるがゆえにいささか心もとない印象があるのも払拭することができるのではないでしょうか。このように，なぜ最終葉の右端に白紙を重ね，裏からセロテープを貼って継ぎ足したのかという事実を説明するストーリーこそが重要であり，このストーリーを受け入れることができるだけの合理的な裏付けがあるかどうかによって判断すべきなのです。

　ケースの事実関係によれば，本件契約担当者は，甲社のこれまでの実績，乙の年収，リース契約の目的物の価格が大きいことなどを考慮し，内規に照らし，保証人には乙だけでなく，甲社の役員以外の者で資力のあるものにもなってもらう必要があると判断し，乙に対しその旨を告げ，甲社の役員以外の者で資力のあるものに依頼して保証人になってもらうよう求めました。本件契約担当者は，A社が使用している定型書式のリース契約書に必要な事項を記載し，指定された日時に甲社の事務所を訪れました。本件契約担当者は，リース契約書の賃借人欄に甲社代表者乙の記名押印をさせるとともに，保証人欄に乙に署名押印させた時点で，保証人欄が1人分用の定型のリース契約書を持ってきていたことに気がつき，このリース契約書には更にもう1名分の保証人欄を加えるだけの余白がなかったため，このリース契約書の最終葉の1人分の保証人欄（乙が署名押印した欄）に続き，最終葉の右端に白紙を重ね，裏からセロテープを貼って固定して，Bに対し，セロテープを貼って固定した白紙部分に「同」と記載してBの住所を記載し，署名押印するよう求めました。Bは指示されたとおりに記載して署名押印しました。以上の事実経過からすれば，リース契約書とBが住所等を記載し，署名押印した紙片とは1通の書面として書面の一体性が認められると考えられます。保証契約を書面でした（民法446条2項）というための前提となる書面の一

体性は肯定することができます。

　リース契約書とBが住所等を記載し，署名押印した紙片とが1通の書面として書面の一体性が認められる以上，民事訴訟法228条4項により，この冊子全部につき真正に成立したものと推定されることになります。

　そうである以上，上記の事実経過に照らせば，Bの前記反論（Bは署名押印した当時，甲社のリース契約に基づく債務を保証することになるという認識はなかったこと，Bは，乙からは一般財団法人丙の評議員に就任するために必要な書類の1つであるという説明を受けていたのであり，この説明を信じ，言われるままに上記のとおり記載し，署名押印したのであって，白紙部分以外には目を通していないこと，本件契約担当者も当日リース契約については内容を説明せず，Bの保証意思を確認しなかったこと）はいずれも採用されないことになります。

　保証契約の効力要件である書面性が当該書面作成に至るストーリー，そのストーリーを裏付ける証拠（陳述書，証言等）の証明力次第で左右されるというのは皮肉な結果のように見えますが，これが民事訴訟実務の現実なのです。事実経過を時系列表に書いて検討するという地道な努力が必要なゆえんです。

3　ケースについては以上のとおりですが，補足して参考になる判例を説明します。自筆証書による遺言書についてですが，最高裁昭和36年6月22日第一小法廷判決（民集15巻6号1622頁）は，自筆証書による遺言書が不動産の標目のみを記載した第1葉と「家一切デンブ妻の物」その他を記載した第2葉との間において末尾から約16cmの箇所で横に糊付けされていること，上記遺言書は作成された当時病気中の被上告人の夫が被上告人に紙と硯とを持参させ，被上告人の差し出した，横に糊継をしてある，遺言書用紙である障子紙用紙に，病床でしかも病苦にあえぎながら中途で幾度か休息を取りながら書きしたためたものであること，上記遺言書は当初より1通のものとして作成されたものであることとの原審の確定した事実関係の下で，「遺言書が数葉にわたるときであっても，その数葉が1通の遺言書として作成されたものであることが確認されれば，その一部に日附，署名，捺印が適法になされている限り，右遺言書を有効と認めて差支えないと解するを

2. 論争を勝ち抜くために

相当とする。」と判示しています。

まとめ

　始めから保証契約が1通の書面として作成されている場合，複数枚の保証契約が冊子として綴じ込まれている場合等，書面の方式自体により1通の書面であること（書面の一体性）が外観上明らかな場合には，書面の一体性に問題はないが，書面の方式自体で書面の一体性が自明であると言えない場合には，書面の一体性を証明する必要がある。書面が一体のものであると認められるかどうかの認定においては，当該書面作成に至るストーリーが重要であり，そのストーリーを裏付ける証拠（陳述書，証言等）の証明力次第で左右される。

　ケースでは，保証人の署名押印が契約書本体との間に割印はない書面（リース契約書の最終葉にセロテープを貼って継ぎ足された紙片）に存在するという場合における保証契約の効力が争われており，なぜリース契約書冊子の最終葉の右端に白紙を重ね，裏からセロテープを貼って継ぎ足されたのかという事実を説明する説得力のあるストーリーが重要であり，このストーリーが一般人に受け入れられるだけの合理的な裏付けとなる証拠があるかどうかによって決まる。本件契約担当者が，甲社のこれまでの実績，乙の年収，リース契約の目的物の価格が大きいことなどを考慮し，内規に照らし，保証人には乙だけでなく，甲社の役員以外の者で資力のあるものにもなってもらう必要があると判断し，乙に対しその旨を告げ，甲社の役員以外の者で資力のあるものに依頼して保証人になってもらうよう求めてBを同行させたが，Bに署名押印してもらう段になって用紙の不足に気付いたなどの前記の事実経過によれば，リース契約書とBが住所等を記載し，署名押印した紙片とは1通の書面として書面の一体性が認められ，保証契約を書面でした（民法446条2項）と言うための前提となる書面の一体性は肯定することができる。

3. 法的に解決すべき問題が何かを的確に把握するために

事案の骨格をとらえて法的に解決すべき問題が何かを的確に把握することが民事訴訟の担い手にとって必要です。これが本書のテーマです。

まず，実践的ケース3-1から同3-3までの位置付けを図示します。

図1：実践的ケース3-1，同3-2の位置付け

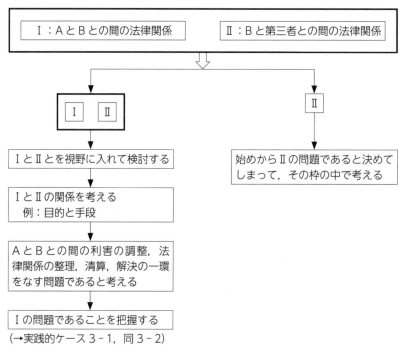

（1） 私人間の紛争は人間の営みが交錯することから発生します。人間の営みは個別具体的なものであり，それぞれに各人のストーリーがあります。各人のストーリーから構成される事案の骨格をとらえて法的に解決すべき問題が何かを的確に把握することが私的紛争を法的に解決するためには必要です。歴史的にもまず私的紛争が起こり，それを解決するために次第に裁判制度が整備され，裁判を通じて裁判規範が形成され，法規範に結実して来ました。

図 2：実践的ケース 3-3 の位置付け

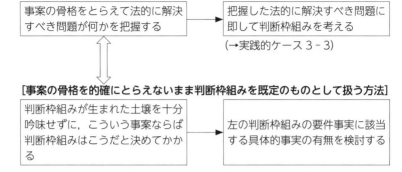

法的に解決すべき問題が何かを的確に把握することなくして私的紛争を法的に正しく解決することはできません。

　例えば，実践的ケース 3-3 においては，別の事実関係の下では妥当する判断枠組みであるとしても事実関係が異なる実践的ケース 3-3 を解決するためにも適切な判断枠組みであるという保証はないから，そのような判断枠組みを無批判に持ち込むことなく，事案の骨格をとらえて当該事実関係の下で法的に解決すべき問題が何かを考察してその問題を解決する適切な判断枠組みを明確にする必要があります（実践的ケース 3-1 参照）。

　(2)　実践的ケース 3-1 の事実関係と同 3-2 の事実関係の下では，いずれも誰と誰との間でどういう法律関係が問題になっているのかを考え，第三者との間で締結された契約の当事者間の法律関係と共同関係にある 2 人の間の法律関係とを明確に区別し，後者の法律関係と前者の法律関係とが［目的］と［手段］との関係にあるという視点を持つことにより，法的に解決すべき問題を的確にとらえることができることが分かります（**図 1** 参照）。

　(3)　それでは，各実践的ケースに即して具体的に検討してみましょう。

| 実践的ケース 3-1 | 共通の経済的目的を有する2人のうち1人が上記目的を達成するために自分だけの名義で第三者と契約を締結した場合に法的に解決すべき問題を整理して把握するために必要な視点は何か（その1） |

夫婦が離婚して夫名義の住宅ローンの残債務を完済するために自宅を売却するに伴い解約された夫名義の長期火災保険契約の解約返戻金の帰属をめぐる紛争

Summary

　ストーリーをつかんで事案の骨格をとらえ，事案の骨格となる事実関係を分析し，各事実の位置付けをし，相互の関係を考え，法的な意味付け・整理を行って，その事件で法的解決が必要な問題は何かを考える。問題の分析のステップの段階で安易に検討の幅を狭めてしまうことなく，その事案で法的に解決すべき問題が何かを柔軟に，かつ，幅広く考察し，絡み合って複雑な観がある問題であってもこれを「因数分解」して問題を整理して検討する。

　共通の経済的目的のために共同関係にある2人のうち1人が，その目的を達成するために自分だけの名義で第三者と契約を締結した場合に，法的に解決すべき問題を整理して把握するために必要な視点は，[目的]と[手段]とに区別した上でこれらの関係を考えることである。共通の経済的目的が前者であり，第三者との契約締結が後者である。問題となっている場面がそのいずれに属するのかを考えて振り分けることが検討の第一歩となる。

3. 法的に解決すべき問題が何かを的確に把握するために

Introduction

　民事訴訟事件の大半は主として事実認定が争われるものであり，その事案で法的に解決すべき問題が何かを改めて考える必要はあまり感じられません。多くの事件では判断枠組みも自明のことのように感じられます。しかし，民事訴訟事件の中には，事件の全体像をつかんで法的に解決すべき問題が何かを十分検討しないと，的確に判断することができないものがあります。実際にはその数は決して少なくありません。このような事件では，ストーリーをつかんで事案の骨格をとらえ，その事案で法的に解決すべき問題が何かを柔軟に，かつ，幅広く考察して考える必要があります。その上で絡み合って複雑な観を呈している問題であってもこれを図解し，そうすることによって単純な要素に「因数分解」し，問題を整理して検討するのです。このことを**ケース**に即して具体的に見てみましょう。

ケース

1　妻Aと夫Bは，自宅用に戸建て住宅を購入することにし，B名義で住宅ローンを組んで代金4000万円で戸建て住宅（以下「本件住宅」という）を購入するとともに，35年の長期火災保険契約（以下「本件火災保険契約」という）を締結して保険料60万円を支払った。妻Aは本件住宅購入の費用に自分の特有財産から100万円を出捐し，うち60万円が上記保険料の支払に充てられ，残りの40万円は売買の諸費用に充てられた。妻Aと夫Bは，その後不和になり，購入後3年余で協議離婚した。AとBは，財産関係を清算するため，第三者に本件住宅を売却して，その代金で住宅ローンの残債務を完済した。Bは，本件火災保険契約を解約し，解約返戻金44万円がB名義の銀行口座に振り込まれた。本件住宅の売却に伴い清算すべき問題はほかにはない。
　Aは訴訟代理人に弁護士を選任し，本件火災保険契約の保険料60万円の原資は自分が負担したから，本件火災保険契約の解約に基づく解約返戻金44万円は実質的には自分に帰属すると主張し，Bに対し，不当利得返還請求訴訟を提起した。

> Bは，本件火災保険契約を締結したのは自分であるから，解約返戻金44万円を取得することには法律上の原因があると主張して争った。
>
> **2** 上記事実関係の下で法的に解決すべき問題は何か。どのような観点から検討すべきか。

解説

1 **ケース**の事実関係を図示すれば，**図1**のとおりです。法的に解決すべき問題が何かを検討する際に参考になる他の法律関係の図等も後記のとおり図示します。

2 民事訴訟事件の中には，事件の全体像をつかんで法的に解決すべき問題が何かを十分検討しないと，的確に判断することができないものがあります。**ケース**では，原告Aと被告Bが婚姻継続中B名義で住宅ローンを組んで本件住宅を購入するとともに，B名義で本件火災保険契約を締結し，Aが特有財産から出捐した金銭を原資として保険料を支払いました。この事実を踏まえて法的に解決すべき問題が何かを考えて的確に把握し，問題を整理して検討する必要があります。誰と誰との間でどういう法律関係が問題になっているのかを考えて法的に解決すべき問題が何かを的確に把握する必要があり，第三者との間で締結された契約の当事者間の法律関係と契約の当事者名義人及び委任者間の法律関係とは明確に区別して考える必要があります。**ケース**では，B名義で損害保険会社との間で締結された本件火災保険契約に関する同契約当事者間の法律関係と（元）夫婦であるAB間の法律関係とを明確に区別して検討する必要があります。

夫婦が夫名義で住宅ローンを組んで自宅を購入した場合には，自宅の財産的価値がプラスになった時点以降は，夫名義で住宅ローンを組んで借入金で自宅の売買代金を支払っていても，一般的には，婚姻関係継続中の住宅ローンの返済は原則として夫婦が平等に負担したものと評価されて離婚により分与すべき財産の額を算定する取扱いがされることになり，配偶者の一方が住宅ローンの借入金に加えて提供した特有財産も原資に加えられて自宅が購入されたという事実があるときには，分与すべき財産の額を算定する際にはそ

3. 法的に解決すべき問題が何かを的確に把握するために

図1：ケースの事実関係

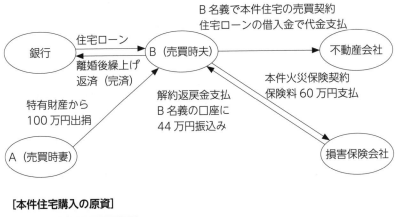

[本件住宅購入の原資]

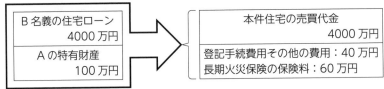

の事実も考慮されることになると考えられます。

　財産分与に関するこのような考え方は，**ケース**のように本件住宅の財産的価値がマイナスからプラスに転じる前の時点で離婚し，住宅ローンの借入金を返済することになり，共有財産である本件住宅を第三者に売り渡してその代金で住宅ローンの借入金を返済したときにも，事柄の実質を見れば，同様に当てはまるものと解するのが相当です。

　そうすると，**ケース**で問われている法的に解決すべき問題は，AとBが婚姻継続中にB名義で住宅ローンを組んで本件住宅を購入するとともに，B名義で本件火災保険契約を締結し，Aが特有財産から出捐した金銭を原資として保険料を支払ったが，購入後3年余で協議離婚し，第三者に本件住宅を売却して住宅ローンの残債務を完済し，Bが本件火災保険契約を解約し，解約返戻金44万円がB名義の銀行口座に振り込まれたという事実関係の下において，本件火災保険契約の解約に基づく解約返戻金が夫婦共有財産の清算の対象に含まれるかどうか（Bだけに帰属するかどうか）ということにな

図2：参考になる他の法律関係

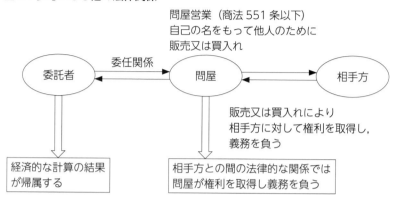

ります。B名義で本件火災保険契約を締結するにあたってAB間でこの点に関してどのような合意がされたのかを考えることになりますが，AとBが上記のとおり購入した本件住宅についてこれが火災に遭った場合に備えて本件火災保険契約を締結したという契約締結の目的及び効果（火災保険金の性質。民法304条1項本文「先取特権は，その目的物の売却，賃貸，滅失又は損傷によって債務者が受けるべき金銭その他の物に対しても，行使することができる。」，350条による準用，372条による準用），本件火災保険契約の保険料の原資にAの特有財産が充てられたこと等の**ケース**に表れた事実関係の下では，本件火災保険契約に基づく権利義務関係の経済的効果がBにのみ帰属するという合意がされたとは考え難いところです。AのBに対する本件火災保険契約の解約に基づく解約返戻金44万円相当額の不当利得返還請求は理由があると考えられます。なお，AがBに対し，民法646条2項に基づく請求をした場合には同請求にも理由があると考えられます。

3 **ケース**については以上のとおりですが，共通の経済的目的のために共同関係にある2人のうち1人が，その目的を達成するために自分だけの名義で第三者と契約を締結した場合に，法的に解決すべき問題を整理して把握するために必要な視点は，［目的］と［手段］とに区別した上でこれらの関係を考えることです。問題となっている場面がそのいずれに属するのかを考えて振り分けることが検討の第一歩となります。参考になる他の法律関

3. 法的に解決すべき問題が何かを的確に把握するために

図3－1：法的に解決すべき問題をとらえるための図解

> 　上記のとおり，問屋は，委託者から委任を受けて自己の名をもって他人（委託者）のために販売又は買入れを行い，相手方との間で権利を取得し，義務を負う。これは委託者の計算において行うのであり，問屋と委託者との間では経済的効果は委託者に帰属する。問屋は，委託者のために自己の名で取得した権利を委託者に移転しなければならない（商法552条2項，民法646条2項）。このように，問屋をめぐる問題は，①委託者と問屋との間の問題と②問屋と相手方との間の問題とに分けて考えることができるのであり，誰と誰との間でどういう権利義務が問題になっているのかという考察の視点を導き出すことができる。このことは，**ケース**において法的に解決すべき問題が何かを考える上で参考になる。そこで，問屋の場合を念頭において**ケース**に即して図解すると，次のようになる。

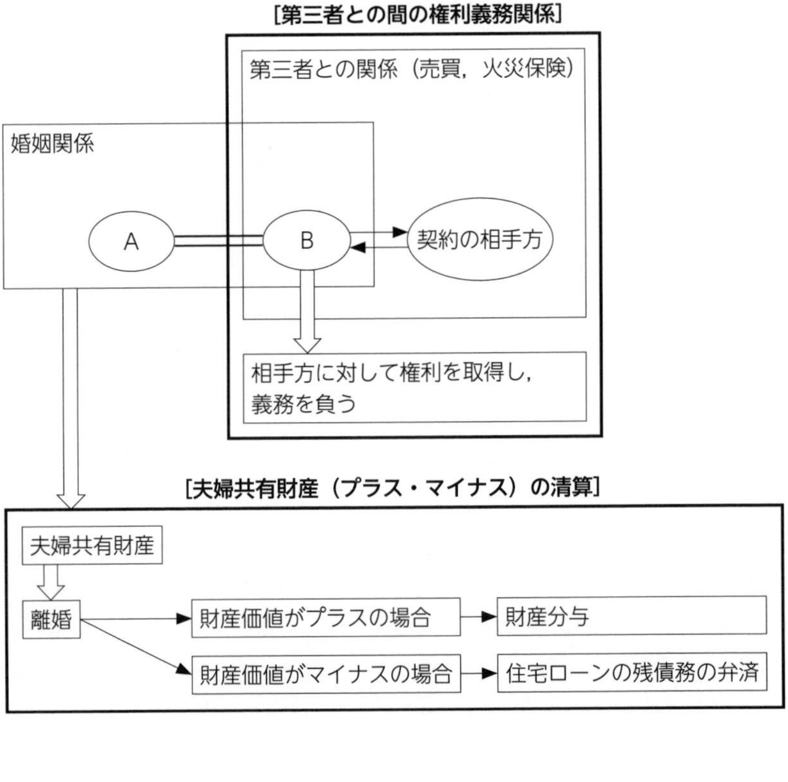

［第三者との間の権利義務関係］

［第三者との関係（売買，火災保険）］

婚姻関係

A ― B → 契約の相手方

相手方に対して権利を取得し，義務を負う

［夫婦共有財産（プラス・マイナス）の清算］

夫婦共有財産 → 離婚 → 財産価値がプラスの場合 → 財産分与

離婚 → 財産価値がマイナスの場合 → 住宅ローンの残債務の弁済

104

図3-2：法的に解決すべき問題をとらえるための図解

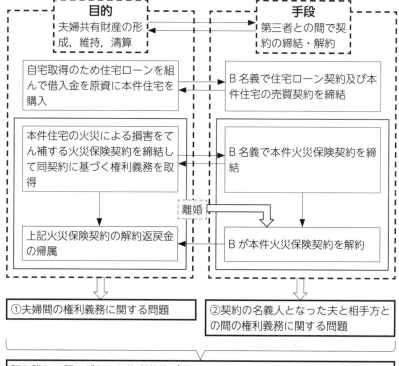

係の図は**図2**のとおりであり，法的に解決すべき問題をとらえるための図解は**図3-1**及び**図3-2**のとおりです。**ケース**では夫婦共有財産の清算が問題になっていますから，［目的］の範疇に振り分けることができます。第三者の保護，取引の安全の観点からの検討が必要な場合には更に検討を要しますから，［目的］の範疇に振り分けただけで終わりではありませんが，**ケース**では第三者との契約関係は終了し，清算済みであり，第三者の保護，

3. 法的に解決すべき問題が何かを的確に把握するために

取引の安全の観点からの検討は不要です。

　このように［目的］と［手段］とに区別した上でこれらの関係を考えることなく，したがって，AB間の夫婦共有財産の観点から考察することなく本件火災保険契約がB名義で締結されたことだけを見て，解約による解約返戻金がBに帰属すると解するのは相当ではありません。仮に当初そのような観点から事案に取り組んでいたとしても，事実関係の全容が明らかになっていくに連れて，その仮説に固執することなく，柔軟に見直しをしていく必要があります。法律実務家が取り組む案件は，全容をつかみづらい複雑な形状の巨大な彫像のようなものであり，その全体像を正確にとらえるには上から見たり，下から見たり，離れたところから見たり，また元の場所に戻って見たりして，どういう彫像かを見定めていく必要があります。最初に見た印象は，様々な角度から見ていくと，異なったものとなっていきます。法律実務家は，事件の全容を正確にとらえつつ，事件の細部を観察し，考察しなければならないのです。試行錯誤は不可避的であり，これを行わないと，事案の全容，真相を正しくとらえないまま，的外れの判断枠組みに固執して誤った判断をする可能性が大です。この事件はこうなのだと早い段階から決めてかかると，職業的良心に基づく責任を十分に果たすことはできません。早い段階で立てた仮説とは異なる事実関係を示す証拠に接したときに，当初の仮説に固執せず，事件について改めて考え直す柔軟性と心の余裕が必要です。若手弁護士は，事実関係の全容が明らかになっていくに連れて，その事案で法的に解決すべき問題が何かを改めて柔軟に，かつ，幅広く考察してその問題を解決する適切な判断枠組みを検討することを習慣付けるようにしましょう。このように1つひとつの案件に試行錯誤を繰り返しながら真摯に取り組んでいくことによって法律実務家の腕が磨かれ，着実に成長し，細部まで行き届いた観察と分析をしながら全容を鳥瞰することができるようになり，妥当な解決の方向性，落ち着き先を見いだして，国民に，さらには社会に貢献する大きな楽しみと喜びを味わうことができるようになるのです。

4 法律の世界とは異なりますが，G. ポリア著（柿内賢信訳）『いかにして問題をとくか』（丸善出版，1954年）9頁以下は，要旨次のように説いており，法的に解決すべき問題が何かを考える際にも参考になります。

第1に問題を理解しなければならない。第2にいろいろな項目がお互いにどのように関連しているか，分からないことが分かっていることとどのように結び付いているかを知ることが，解がどんなものであるかを知り，計画を立てるために必要である。第3にその計画を実行しなければならない。第4に解答ができあがったならば振り返ってみて，もう一度それをよく検討しなければならない。

5 さて，前記のとおり，民事訴訟事件の大半は主として事実認定が争われ，多くの事件では判断枠組みも明らかになっています。法的に解決すべき問題が何かを改めて考えると言われても，ピンとこないかもしれません。しかし，民事訴訟事件の中には，事件の全体像をつかんで法的に解決すべき問題が何かを十分検討しないと，何が問題なのかが分からないような事件があります。社会，経済，文化が変化し，新たな紛争が生じてきたときに，既存の法的に解決すべき問題，判断枠組みの枠の中で対処しようとしてもうまくいきません。その事案で法的に解決すべき問題が何かを考える必要があります。日頃から法的に解決すべき問題が何かを考えることは，そういう事件に取り組む基礎的トレーニングになります。

その事件で法的に解決すべき問題は何かをとらえるには，まず事案の骨格となる事実関係をつかむ必要があります。事案の骨格となる事実関係をつかむためには，ストーリーをつかむ必要があります。ストーリーが明確になったら，事案の骨格となる事実関係を分析し，各事実の位置付けをし，相互の関係を考え，法的な意味付け・整理を行って，その事件で法的に解決すべき問題は何かを，問題の分析のステップの段階で安易に検討の幅を狭めてしまうことなく，柔軟に幅広く考察して考えます。このようにしないと，木を見て森を見ないことになり，判断を誤ることになるおそれがあります。

筆者は，裁判官当時，分かりやすく納得できる裁判を目指していました。分かりやすく納得できる裁判を実現するには，何よりもまず，その事件で法的に解決すべき問題を正しくとらえていることが必要です。これを正しくとらえていなければ，納得は得られません。

まとめ

1 法的に解決すべき問題をとらえるために，一定の関係のある者同士の間の法律関係と第三者との間の法律関係とを区別し，誰と誰との間でどういう法律関係が問題になっているのかを考える必要があることがある。

共通の経済的目的のために共同関係にある2人のうち1人が，その目的を達成するために自分だけの名義で第三者と契約を締結した場合には，問題を整理して把握するために，まず，①共同関係にある2人の権利義務関係と②第三者との間の権利義務関係とを明確に区別することが有益である。その上で上記①と②とがどのような関係にあるのかを考えてみる。そうすると，上記①と②とが目的と手段との関係にあることに気づく。

上記の場合には，これらが問題を把握するために必要な視点である。

2 **ケース**においては，AとBが婚姻継続中にB名義で住宅ローンを組んで本件住宅を購入するとともに，B名義で本件火災保険契約を締結し，Aが特有財産から出捐した金銭を原資として保険料を支払ったが，購入後3年余で協議離婚し，第三者に本件住宅を売却して住宅ローンの残債務を完済し，Bが本件火災保険契約を解約し，解約返戻金44万円がB名義の銀行口座に振り込まれたという事実関係がある。

上記1の視点から検討すると，第三者との法律関係ではなく，婚姻継続中に形成した共有財産をめぐるAとBとの間の問題であり，本件火災保険契約の解約に基づく解約返戻金が夫婦共有財産の清算の対象に含まれるかどうか（Bだけに帰属するかどうか）が法的に解決すべき問題であるととらえることができる。**ケース**の事実関係（本件住宅が火災に遭った場合に備えて本件火災保険契約が締結されたという契約締結の目的及び効果，保険料の原資にAの特有財産が充てられたこと等）の下では，B名義で本件火災保険契約を締結するにあたってAとBとの間でその経済的効果がBにのみ帰属するという合意がされたとは考え難く，解約返戻金44万円相当額は，AとBとの間で清算されるべき財産に当たると考えられる。Aが保険料の原資を出捐したと言える以上，AのBに対する不当利得返還請求は理由があると考えられる。

> **実践的ケース 3-2**
>
> 共通の経済的目的を有する2人のうち1人が上記目的を達成するために自分だけの名義で第三者と契約を締結した場合に法的に解決すべき問題を整理して把握するために必要な視点は何か（その2）
>
> 事業者（請負契約の注文者）に事業用建物の建築資金を提供して事業利益の分配を受ける旨の合意をしていた者の請負代金残金支払義務の有無をめぐる紛争

Summary

　共通の経済的目的のために共同関係にある2人のうち1人が，その目的を達成するために自分だけの名義で第三者と契約を締結した場合の1類型として，事業者（請負契約の注文者）に事業用建物の建築資金を提供して事業利益の分配を受ける旨の合意をしていた者の請負代金残金支払義務の有無については，まず，請負契約の当事者間の法律関係の範疇に振り分けることになるが，それだけで事足りるとせず，第三者の保護，取引の安全の観点からの検討が必要であり，更に検討を要する。建築資金提供者が請負人に対して未払代金を支払い，工事の続行及び完成を求めたという事実関係が存在する場合には，その時点で両者の間で請負契約その他の合意が締結されたという法的構成を基本としつつ，選択的に，建築資金提供者は，民法上の組合契約を締結した組合員，商法上の匿名組合契約を締結した組合員であり，上記のとおり請負人に対して未払代金を支払い，工事の続行及び完成を求めたことにより，同法537条が類推適用され，以後生じた債務については事業者（注文者）と連帯してこれを弁済する責任を負うことになるという構成も考えられる。

3. 法的に解決すべき問題が何かを的確に把握するために

Introduction

　法的に解決すべき問題が何かを考えることは判断枠組みを明確にすることにつながり，事実認定の在り方，判断にも関係します。このことを確認するために，実践的ケース1-2の事実関係をここでも取り上げてみましょう。

ケース

1　実践的ケース1-2の事実関係を要約すると，次のとおりである。
　A社（工事請負業者）は，Cと建物建築工事請負契約を締結して施工中，Cが工事請負代金を支払わなくなったので，BがCに工事資金を提供していたという情報に基づき，Bに対して未払工事請負代金の支払を求めたところ，Bは，A社に対し，それまでに発生し，Cが支払っていなかった工事請負代金を支払い，工事の続行及び完成を求めた。そこで，A社は，以後の工事についてもBが代金を支払うものと信じて工事を行い，完成させたが，Bは工事請負残代金を支払わなかった。Bは，A社とCとが建物建築工事請負契約を締結するより前に，Cが建築する建物で営むスポーツジムに出資をし，その事業から生じる利益を分配することを合意していた。

2　上記1の事実関係の下で，A社がBに対して工事請負残代金の支払を求めて提訴した場合，法的に解決すべき問題はどのように整理して把握したらよいか。

解説

1　ケースの事実関係の下では請負契約の成否等が問題であることはすぐ分かりますが，そこで思考を止めずに，事案の骨格に鑑み，もう少しきめ細かく検討することが大切です。ケースの事実関係を図示すれば，**図1**のとおりです。法的に解決すべき問題が何かを考えるための図解は**図2**のとおりです。

図1：ケースの事実関係

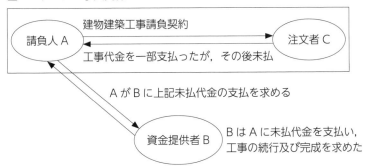

2 ケースの事実関係の下では，被告Bは以後の工事代金の支払債務を免れないことになるのか，これを肯定するとして，その法的根拠は何か，Bは途中からCの請負契約上の地位を承継したか，その請負代金債務を重畳的に引き受けたのかということが問題になります。この問題については，次の2通りの見方があり得ます。

(1) 第1の見方

Bが建物建築工事請負契約の注文者であるCに工事資金を提供したという事実（**図2**の①）に着目すると，Bは金融機関と同様の立場であるという見方もあり得ます。仮にそうであるとすれば，改めてBと原告A社との間で請負契約その他の合意を締結しない限りBは注文者としての責任を負うことはないということになりそうです。そうすると，施工途中でBがA社の求めに応じてそれまでに発生していた未払代金を支払い，A社に対して工事の続行及び完成を求めた時点で，A社とBとの間で請負契約その他の合意が締結されたかどうか，これを認定する証拠があるかどうかを吟味することになるでしょう。BとA社との間で請負契約書は取り交わされていませんが，この点をおくとしても，BとA社がどういう言葉で何を話し合ったかによって決まるのか，そういう証拠はあるかを検討することになるでしょう。また，仮にその時点でBがA社と請負契約を締結したことになるとして，当初のCとA社との間の請負契約との関係はどう考えればよいのか，検討する必要があるでしょう。Cのその時点での意思はどのようなも

3. 法的に解決すべき問題が何かを的確に把握するために

図2：法的に解決すべき問題が何かを考えるための図解

　実践的ケース3-1で指摘したとおり，問屋をめぐる問題は，誰と誰との間でどういう権利義務が問題になっているのかという視点から(1)①委託者と問屋との間の権利義務に関する問題と②問屋と相手方との間の権利義務に関する問題とに分けて考えることができるのであり，また，(2)前者と後者とは［目的］と［手段］の関係にあるととらえることができるから，これらの視点で考察することが有益である。

　この視点から**ケース**を検討すると，まず，請負契約当事者間の請負契約に基づく権利義務が問題になっていると言えるが，**ケース**の事実関係の下では，請負人Aと注文者Cの間の権利義務の問題に分類してそこで検討をストップしてしまうことは相当ではなく，第三者であるAの請負契約に基づく代金の保護が問題になっていること，BとCが内部的には共同で事業を営む合意をしていたという実質があり，この目的を達成するための手段として請負契約が締結されたことを考慮する必要がある。すなわち，Bが，建設される建物でCの営む事業に出資をし，その事業から生ずる利益を分配することをCと合意していたという事実があり，BとCとが民法上の組合契約を締結し，更には商法上の匿名組合契約を締結したと言える可能性が小さくない。そして，Bは，Aの求めに応じて未払代金を支払い，工事の続行及び完成を求めている。そうすると，AとCとの間の問題であるとして済ませるわけにはいかず，更に検討を要することになる。

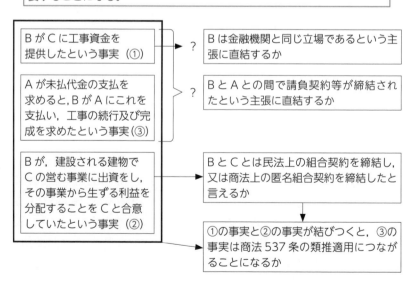

のであったのかも調べる必要があるでしょう。

(2) 第2の見方

他方，上記①だけでなく，Bが，Cが建物で営む事業に出資をし，その事業から生じる利益を分配することをCと合意していたという事実（**図2**の②）も結び付いているととらえると，骨格となる事実関係の見方が違ってきます。Bは金融機関のように融資したというだけの関係にとどまらず，民法上の組合契約を締結した組合員であり，商法上の匿名組合契約を締結した組合員である可能性が小さくなく，BがA社の求めに応じて未払代金を支払い，工事の続行及び完成を求めたという事実（**図2**の③）が，それ自体で意味を持ってくる可能性があります。

このように，**ケース**の事実関係の下では，Bは，金融機関と同様の立場であり，改めてBとA社との間で請負契約その他の合意を締結しない限り注文者としての責任を負うことはないという見方（第1の見方）と，Bは，民法上の組合契約を締結した組合員，商法上の匿名組合契約を締結した組合員であり，それゆえに資金提供を行ったのであって，この特質に鑑みて責任を考えるべきであるという見方（第2の見方）があり得ます。

上記のように問題をとらえると，事件についての上記の各見方に応じて，A社とBとの間で請負契約その他の合意が締結されたかどうかを認定することになるのか，それとも，商法537条の法意に照らし，同条が類推適用され，以後生じた債務については営業者（注文者）と連帯してこれを弁済する責任を負うことになるのか，判断枠組みは2通り考えられることになります。

後者ならば，建物建築工事請負契約の注文者に工事資金を提供していた者（B）は，建築される建物で注文者（C）がスポーツジムを営むために出資し，その営業から生ずる利益を分配する匿名組合契約を締結したと言えるかどうか，原則として商法536条により規律されるが，Bが施工途中でA社の求めに応じてそれまでに発生していた未払代金を支払い，A社に対して工事の続行及び完成を求めたことにより，同法537条が類推適用され，以後生じた債務については営業者に当たるC（注文者）と連帯してこれを弁済する責任を負うことになるのかを検討する必要があります。

A社とBとの間で請負契約その他の合意が締結されたと認定判断する場

合も，実は商法537条の法意に照らし，同条が類推適用され，以後生じた債務については営業者に当たるＣ（注文者）と連帯してこれを弁済する責任を負うことになる見込みがあることが支えになると思われます。

3 そこで，どう考えるべきかですが，誰と誰との間でどういう権利義務が問題になっているのかという視点から**ケース**を検討するのが相当です。まず，請負契約当事者間の請負契約に基づく権利義務が問題になっていることは明らかですが，**ケース**の事実関係の下では，Ａ社とＣの間の権利義務の問題に集約させてそこで検討をストップしてしまうことは相当ではありません。**ケース**の事実関係の下での第三者であるＡ社の請負契約に基づく代金の保護が問題になっているところ，ＢとＣとが，建設される建物でＣの営む事業にＢが出資をし，その事業から生ずる利益を分配することを合意し，もって，内部的には共同で事業を営む合意をしていたという実質があり，この目的を達成するための手段として請負契約が締結されたことを看過することはできません。ＢとＣとが民法上の組合契約を締結し，更には商法上の匿名組合契約を締結したと言える可能性が小さくありません。そして，Ｂは，Ａ社の求めに応じて未払代金を支払い，工事の続行及び完成を求めました。そうすると，Ａ社とＣとの間の問題であるとして済ませるわけにはいかず，第２の見方が浮かび上がってきますから，このことを踏まえてＡ社とＢとの間で請負契約その他の合意がされたかどうかを検討することになります。

4 このように分析すると，Ａ社の訴訟代理人弁護士としては，ＢがＡ社に対して工事の続行及び完成を求めた時点でＡ社とＢとの間で請負契約その他の合意が締結されたという法的構成を基本に採用しつつ，選択的に，Ｂは，民法上の組合契約を締結した組合員，商法上の匿名組合契約を締結した組合員であり，それゆえに資金提供を行ったのであって，施工途中で請負人Ａ社の求めに応じてそれまでに発生していた未払代金を支払い，Ａ社に対して工事の続行及び完成を求めたことにより，同法537条が類推適用され，以後生じた債務については営業者Ｃ（注文者）と連帯してこれを弁済する責任を負うことになるという構成も採用して，選択的併合として両方の法的構成に基づく請求をし，主張をするのが相当であると考えられます。

5 このように，法的に解決すべき問題が何かを考えることは判断枠組みを明確にすることにつながり，事実認定の在り方，判断にも関係しますから，その事件で法的に解決すべき問題が何かを考える際には，同時にその判断枠組み及び事件の解決についても十分考える必要があります。事件の全体像を正確にとらえないまま，断片的に検討していると，事実の見方，評価判断を誤ることになる危険があります。

　昔から，判決を見る限りは理路整然としていて非の打ち所がないが当事者は全く納得していないものがあることが挙げられ，このような判決をしてはならないと指摘されてきました。その事件で法的に解決すべき問題が何かを取り違えていると，当事者の納得は得られません。実践的ケース1-2で指摘したとおり，裁判所は，各当事者の主張するストーリーをとらえ，これが明確になったら，事案の骨格となる事実関係を分析し，各事実の位置付けをし，相互の関係を考え，法的な意味付け・整理を行って，その事件で法的に解決すべき問題は何かを考える必要があります。こうすることによって事件の全体像の中に的確に争点を位置付けることが可能になるのです。事件の全体像を把握して争点を的確に位置付けた上で争点について判断をするのでなければ，木を見て森を見ないままで判断することになります。

　実践的ケース1-2で各当事者の主張するストーリーを効率的につかむために弁論準備手続が活用されることを望みましたが，その目的は，事案の骨格をつかみ，法的に解決すべき問題が何かを的確にとらえることにあります。

　ちなみに，筆者が東京高裁勤務中，第1審で要件事実を摘示する主張整理案を作成して調書に添付しているものに接することが何度かありましたが，これを行うならば，訴訟代理人弁護士と十分口頭で意見交換をして事案の骨格をつかみ，法的に解決すべき問題が何かを的確にとらえた上でなければならないことを指摘しておきたいと思います。要件事実理論に基づく事実の分析は現在においても実務上有益，かつ，必要な方法ではありますが，法的に解決すべき問題が何かを的確にとらえないままこれを行うと，事案の実相とは異なる事実について分析した結果を招来してしまいます。これでは妥当な紛争解決をすることはできません。法的に解決すべき問題が何かを的確にとらえないまま行った主張整理であっても，当事者の了承が得られたとしてひ

3. 法的に解決すべき問題が何かを的確に把握するために

とたび調書に記載されると，事案の実相とは異なる的外れの主張整理の結果が独り歩きすることになりかねないのです。訴訟代理人弁護士としては，主張整理案について意見を求められたときは，まず，法的に解決すべき問題が何かが的確にとらえられているかどうかを十分検討すべきですし，自分の主張が正確に摘示されているかどうかを吟味するのはもとより，相手方当事者の主張が主張整理案にどのように摘示されているかも検討する必要があります。これらを行うにあたっては，主張整理案を了承してこれが調書に添付されることになったときに訴訟法上どういう意味を持つことになるかも十分考えた上で適切に対応する必要があります。例えば，不用意に自白すると，訴訟代理人弁護士がこれを行った以上，後で自白の撤回が認められる可能性はほとんどないことに思いを致すべきです。

まとめ

1 実践的ケース3-1の「まとめ」の1を参照。

2 **ケース**では事業者（請負契約の注文者）であるCに事業用建物の建築資金を提供して事業利益の分配を受ける旨の合意をしていたBのA社に対する請負代金残金支払義務の有無が問題になっているから，第三者であるA社の保護，取引の安全の観点からの検討が必要である。上記義務発生の根拠としては，①BがA社に対して未払代金を支払い，工事の続行及び完成を求めた時点で両者の間で請負契約その他の合意が締結されたという法的構成のほか，選択的に，②Bは，民法上の組合契約を締結した組合員，商法上の匿名組合契約を締結した組合員であり，A社に対して未払代金を支払い，工事の続行及び完成を求めたことにより，商法537条が類推適用され，以後生じた債務については事業者（注文者）であるCと連帯してこれを弁済する責任を負うことになるという法的構成も考えられる。A社の訴訟代理人弁護士は，選択的併合として上記各法的構成に基づく請求をし，主張をするのが相当である。

実践的ケース 3-3

株式会社の役員等に対する損害賠償請求訴訟における経営判断の裁量論の壁を崩すものは何か

会社が新商品の開発を依頼した取引先に無担保で2000万円の運転資金を融資したが，取引先が倒産し，回収不能となったことが代表取締役の善管注意義務違反に当たるかどうかをめぐる紛争

Summary

事案の骨格をとらえてその事案で法的に解決すべき問題を把握すれば判断枠組みも明らかになる。これを行わずに判断枠組みを所与のものとして決めてかかって判断すると，事案の実相から離れた判断に陥るおそれが大である。

会社が，取引先に無担保で2000万円の運転資金を融資したが，取引先が倒産し，回収不能となったことが代表取締役の善管注意義務違反に当たるかどうかをめぐる事案においては，融資を決定した時点で客観的には回収の見込みがあったかどうかが重要である。判断枠組みとしては，例えば，取引先の客観性を持った抜本的な再建計画を立ててその一環として運転資金を融資したという事情が認められ，この再建計画が実行されれば融資した資金が回収される蓋然性があったなどの，無担保であっても客観的に回収の見込みがあったと言える合理的な事情がない限り，上記融資は，経営判断の裁量論の範疇に入るものではなく，代表取締役の善管注意義務に違反することになる。

Introduction

　会社法423条1項は,「取締役,会計参与,監査役,執行役又は会計監査人(以下この節において「役員等」という)は,その任務を怠ったときは,株式会社に対し,これによって生じた損害を賠償する責任を負う」と規定しています。会社が,新商品の開発を依頼した取引先であり自社内で先行投資をしていたことから,資金繰りに苦しむ取引先に無担保で2000万円の運転資金を融資したが,取引先が倒産し,回収不能となったことが代表取締役の善管注意義務違反に当たるとして同項に基づく役員等の株式会社に対する損害賠償責任を追及する訴訟において,法的に解決すべき問題として何を検討すべきかについて,**ケース**に即して考えてみましょう。

ケース

1　A社は,IT機器の製造販売を業としており,コンピュータソフトの開発を業とする甲社と取引関係にあった。甲社は資金繰りに苦しみ,もはや銀行からの融資を受けることもできなくなったため,A社に対し2000万円の運転資金の融資を求めた。A社の代表取締役Bは,甲社に新商品の開発を依頼して自社でも新商品の付属品の開発等,これに関連する投資を行っていたことから,甲社が倒産すればA社にも上記のとおり投資した額に相当する損失が発生することになると考え,これを回避するため,甲社に無担保で2000万円の融資をすることにしてこれを実行した(以下,上記のとおり行われた融資を「本件融資」という)。甲社はその後しばらくして倒産し,A社は融資した2000万円を回収することができなかった。BはA社の取締役を辞任した。
　A社は,訴訟代理人に弁護士を選任し,Bに対し,取締役としての善管注意義務に違反して誤った経営判断の下に融資を実行させ,取引先の倒産により融資金の回収ができなくなって会社に損害を生じさせたとして,会社法423条1項に基づき,損害賠償の支払を請求する訴訟を提起した。
　Bは,本件融資当時,甲社が開発していた新商品が販売されればA社がそれまで行っていた投資も本件融資も回収することができる見込みがあっ

> たのに対し，融資をしなければA社がそれまで行っていた投資分を回収することができず，多額の損失を受けることに鑑み，経営者としての高度の経営判断の下に本件融資を決断したものであり，その裁量権の行使に逸脱濫用はなく，Bには任務懈怠はないと主張して争った。
>
> **2** A社の訴訟代理人弁護士は，Bの上記主張に対し，どのように主張立証すべきか。

解説

1 ケースの事実関係は**図1**のとおりであり，論点の検討のための図解は**図2**のとおりです。

2 ケースでは，原告A社は，取引関係にあり資金繰りに苦しむ甲会社から2000万円の運転資金の融資を求められ，A社の代表取締役B（被告）は，甲社に新商品の開発を依頼して自社内で関連する投資を行っていたことから，甲社が倒産すればA社にも上記投資分相当額の損失が発生することになるのをおそれ，これを回避するため，甲社に本件融資をすることにしたと言うのです。このように，取引先に無担保で運転資金を融資し，それが回収不能になったのですから，融資を決定した時点で客観的に回収の見込みがあったかどうかが重要な意味を持つことになるのであり，その見込みの有無次第で本件融資を決定した代表取締役Bの判断が善管注意義務に違反するかどうかが左右されることになると考えるのが相当です。このような事実関係の下で本件融資を決定した代表取締役Bの判断が善管注意義務に違反するかどうかが法的に解決すべき問題であるということになります。A社の訴訟代理人弁護士としては，当該事案の骨格をなす事実を主張立証して事実で勝負すべきであり，判断枠組みとしては，上記のとおり主張立証した事実関係の下では，例えば，取引先の客観性を持った抜本的な再建計画を立ててその一環として運転資金を融資したという事情が認められ，この再建計画が実行されれば融資した資金が回収される蓋然性があったなどの，無担保であっても客観的に回収の見込みがあったと言える合理的な事情がない限り，上記融資は代表取締役の善管注意義務に違反することになるというも

図1：ケースの事実関係

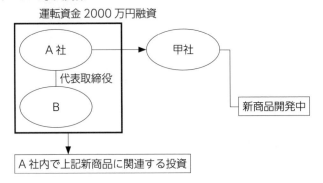

図2：論点の検討のための図解

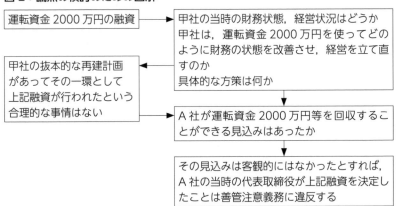

のであることを明らかにし，融資を決定した時点で客観的に回収の見込みがあったかどうかが争点になることを浮き彫りにすべきです。

3 **ケース**の事実関係の下での法的に解決すべき問題，判断枠組み及び争点は上記**2**のとおりですから，結局前記の合理的な事情の有無を検討すれば必要かつ十分であって，裁量判断を持ち込む理由はないと考えられます。翻って，金融機関が融資を行う場面を考えれば，担当者は，融資を行う時点で客観的に回収の見込みがあるかどうかを審査し，様々な指標に照らしてこれが疑わしいときには融資をしないという判断をするのであり，この判断を誤れば，その見込みがあると判断したことに相当な理由があって過失

がなかったと言えない限り，金融機関内部における責任を免れないことになると考えられます。融資の判断をするのが会社の代表取締役である場合には，確かに，取引先の客観性を持った抜本的な再建計画を立ててその一環として運転資金を融資したという事情が認められ，この再建計画が実行されれば融資した資金が回収される蓋然性があったなどの，無担保であっても客観的に回収の見込みがあったと言える合理的な事情があるときもあり得るのであり，このような合理的な事情があるときには経営判断の原則が適用されて裁量権の逸脱濫用がない限り善管注意義務違反に当たらないと判断すべきことがあり得ると思います。しかし，そのような合理的な事情がない限り，融資の判断をするのが会社の代表取締役であっても，善管注意義務違反の責任を負うことを免れないと解するのが相当です。

ケースでは，無担保で運転資金2000万円が融資された当時の甲社の財務状態，経営状況がどうであったのかをまず明らかにし，その上でA社の代表取締役Bがどのような事実を認識し，どのような判断をして運転資金2000万円を甲社に融資することを決定したかというストーリーを見る必要があります。損益計算書，貸借対照表等の財務諸表を検討し，吟味することが不可欠です。これらが書証として提出される必要があることは言うまでもありません。例えば，証拠を検討した結果，甲社の売上高が大幅に減少してきており，販売費及び一般管理費も大幅に減少してきていることが判明した場合はどうでしょうか。当然，Bは，甲社に詳細な具体的説明を求める必要があります。仮にその説明が，取引通念に照らして得心の行くものでなかったとしたら，当時資金繰りに窮し，金融機関ではない取引先のA社にまで資金提供を求めてきたことを併せ考慮すると，甲社の今後の経営成績には大きな疑念を抱かざるを得ないことになります。甲社は自転車操業的に資金繰りに奔走しているのではないか，そのためにA社に運転資金の融資を求めてきたのではないかという疑いを念頭におきつつ，甲社の今後の営業損益に係る計画に具体的，かつ，客観的な根拠があるかどうかを慎重に検討してしかるべきです。

その結果，例えば，甲社は，本件融資当時，運転資金の不足額が6000万円に及び，もはや銀行等の金融機関から融資を受けられなくなっていたため，

取引先のＡ社からまで融資を受けようとしていたこと，財務体質の改善等につながるような建設的な資金計画を持っていたわけではなかったこと，売上としては専ら新商品を当て込むしかなかったが，相当程度の利益を見込めるような具体的な商談が成立していたわけではなかったこと等の事実が判明すれば，甲社は融資総額の弁済の確実な見込みが立っていたわけではなく，資金繰りに窮し，急場しのぎにＡ社に運転資金 2000 万円の融資を求めたのであり，これに応じて運転資金 2000 万円を融資しても，Ａ社が甲社からその返済を受けられる保障はなかったと言わざるを得ないことになるでしょう。

　そうすると，Ａ社の代表取締役が取引先の客観性を持った抜本的な再建計画を立ててその一環として運転資金を融資したという事情は認められず，その他無担保であっても客観的に回収の見込みがあったと言える合理的な事情は認められないことになりますから，会社法 423 条 1 項に基づくＢに対する取締役としての善管注意義務に違反したことを理由とする損害賠償請求訴訟において，仮に取り調べた証拠により上記のような事実関係が認められるとすれば，本件融資がされた当時の甲社の経営成績，財務状態には大きな問題があり，Ａ社は本件融資に係る 2000 万円を回収することができる見込みはなかったと言わざるを得ないことになります。そこで，Ｂがその見込みがあると判断したことに相当な理由があって善管注意義務に違反したとは言えないかどうかを検討すると，Ｂが回収の見込みがない状況にあることを認識していたにもかかわらず本件融資をしたとすれば論外ですが，そうでないとしても，甲社の決算報告書や当時の代表者の説明等で上記のような経営成績，財務状態であったことを容易に知ることができたと言うことができますから，それにもかかわらず無担保で運転資金 2000 万円を甲社に融資することを決定したＢには，代表取締役として善管注意義務違反があったと言わざるを得ないと思われます。ここで，「役員等の損害賠償責任に係る善管注意義務違反については，経営に関する判断は，不確実かつ流動的で複雑多様な諸要素を対象とした総合的判断であるから，その裁量の幅は広いものとなり，結果的に会社に損失をもたらしても，それだけで取締役が必要な注意を怠ったと断定することはできない」とし，「その前提となった事実認識に不注意な誤りがあり，又は意思決定の過程が著しく不合理であったと認められ

る場合には，その経営判断は許容される裁量の範囲を逸脱したものとなる」などとする考え方を判断枠組みとして持ち出せば，前者は，前記の事実関係にマッチしないものと言わざるを得ず，後者の事実認識上不注意な誤りがあった場合に該当することになります。**ケース**で問われているのは，経営判断の特質に照らして許容される裁量の範囲内と言えるかそれともこれを逸脱したものかという範疇で検討する以前の問題なのです。裁判例が示す法理が一般化された命題で表現されている場合には，当該法理を生み出す土台となった事実関係を離れて一般化された命題が独り歩きするおそれがあります。

　Ａ社の訴訟代理人弁護士としては，前記のとおり，当該事案の骨格をなす事実で勝負すべきであり，事案の骨格が明らかになるように主張立証をし，**ケース**の事実関係の下での法的に解決すべき問題，判断枠組み及び争点を明らかにして，回収の見込みがない状況下において無担保で運転資金 2000 万円を取引先に融資することをＢが決定したことは善管注意義務に違反することになることを力説すべきです。

4　**ケース**については以上のとおりですが，確かに，役員等の損害賠償責任に係る善管注意義務違反については，経営に関する判断は，不確実かつ流動的で複雑多様な諸要素を対象とした総合的判断であるから，その裁量の幅は広いものとなり，結果的に会社に損失をもたらしても，それだけで取締役が必要な注意を怠ったと断定することはできないとし，その前提となった事実認識に不注意な誤りがあり，又は意思決定の過程が著しく不合理であったと認められる場合には，その経営判断は許容される裁量の範囲を逸脱したものとなるとする考え方（東京地判平成 5・9・16 判時 1469 号 25 頁）があります。しかし，これは，不確実かつ流動的で複雑多様な諸要素を対象とした総合的判断が求められる実質を有する事実関係であるとすれば当てはまる判断枠組みです。

　最高裁平成 21 年 11 月 9 日第三小法廷決定（刑集 63 巻 9 号 1117 頁）は，「銀行の取締役が負うべき注意義務については，一般の株式会社取締役と同様に，受任者の善管注意義務（民法 644 条）及び忠実義務（平成 17 年法律第 87 号による改正前の商法 254 条の 3，会社法 355 条）を基本としつつも，いわゆる経営判断の原則が適用される余地がある」と説示していますが，こ

れは経営判断事項については広い裁量が認められるとする論旨に応えるものであり，「融資業務に際して要求される銀行の取締役の注意義務の程度は一般の株式会社取締役の場合に比べ高い水準のものであると解され，所論がいう経営判断の原則が適用される余地はそれだけ限定的なものにとどまるといわざるを得ない。」「したがって，銀行の取締役は，融資業務の実施に当たっては，元利金の回収不能という事態が生じないよう，債権保全のため，融資先の経営状況，資産状態等を調査し，その安全性を確認して貸付を決定し，原則として確実な担保を徴求する等，相当の措置をとるべき義務を有する。例外的に，実質倒産状態にある企業に対する支援策として無担保又は不十分な担保で追加融資をして再建又は整理を目指すことがあり得るとしても，これが適法とされるためには客観性を持った再建・整理計画とこれを確実に実行する銀行本体の強い経営体質を必要とするなど，その融資判断が合理性のあるものでなければならず，手続的には銀行内部での明確な計画の決定とその正式な承認を欠かせない。」と判示していることにこそ注目する必要があります。上記第三小法廷決定は，当該事案について，融資先の企業グループは，本件融資に先立つ決算期において実質倒産状態にあり，グループ各社の経営状況が改善する見込みはなく，既存の貸付金の回収のほとんど唯一の方途と考えられていたある地区の開発事業もその実現可能性に乏しく，仮に実現したとしてもその採算性にも多大の疑問があったことから，既存の貸付金の返済は期待できないばかりか，追加融資は新たな損害を発生させる危険性のある状況にあったこと，被告人ら（銀行の取締役）は，そのような状況を認識しつつ，抜本的な方策を講じないまま，実質無担保の本件各追加融資を決定，実行したのであって，上記のような客観性を持った再建・整理計画があったものでもなく，所論の損失極小化目的が明確な形で存在したとも言えず，総体としてその融資判断は著しく合理性を欠いたものであり，銀行の取締役として融資に際し求められる債権保全に係る義務に違反したことは明らかであること，以上のように判示しています。このように，上記第三小法廷決定は，当該事案の事実関係は経営判断の原則が適用される場合ではなく，論旨は前提を欠くという判断をしたものであると理解することができるのです。田原睦夫裁判官の補足意見は，「本件各企業に対する各融資は，経営判

断の原則の適用の可否を論じるまでもなく，銀行の頭取としての任務に違反していたものであることは明白である。」と結んでおり，このことも上記の理解が正しいことを支えるものです。

5 会社が資金繰りに苦しむ取引先に無担保で運転資金を融資し，それが回収不能になったという事案において，客観性，合理性を有する取引先の再建・整理計画が存在してその計画実現の一環として上記の融資がされたという事実が存在しないにもかかわらず，上記の経営判断の原則が適用される場合についてと同様の判断枠組みで判断したと見受けられる裁判例が散見されますが，上記の事案についてこのような判断枠組みで判断することは相当ではないと考えられます。民事訴訟事件の妥当な解決には，事案の骨格をとらえて法的に解決すべき問題が何かを的確に把握することが必要であり，これを実践するにあたっては，審理の早い段階で立てた仮説に固執することなく，審理の展開に応じて柔軟に見直しをしていく必要があります。**ケース**についても，事案の骨格を十分とらえないまま，あるいは審理の展開に応じて見方を見直さないまま，会社の代表取締役が融資を決定したという事実を中心に見て判断枠組みを選択してしまい，許容される裁量の範囲を逸脱した点があるかどうかが問題であるという問題の立て方をしてこれに固執するのではなく，審理の展開に応じて十分な証拠に基づいて事案の骨格を正しくとらえ，その事案で法的に解決すべき問題が何かを改めて柔軟に，かつ，幅広く考察して考えてその問題を解決する適切な判断枠組みを明確にする必要があります（実践的ケース3-1参照）。

まとめ

まず，事案の骨格をとらえてその事案で法的に解決すべき問題が何かを把握する。そうすれば判断枠組みも明らかになる。

ケースでは，A社が新商品の開発を依頼した甲社に無担保で2000万円の運転資金を融資したが，甲社が倒産し，回収不能となったことが代表取締役Bの善管注意義務違反に当たるかどうかが問題になっており，A社の訴訟代理人弁護士としては，当該事案の骨格をなす事実を主張立証して事実で勝負

3. 法的に解決すべき問題が何かを的確に把握するために

すべきであり，通常であれば回収が困難であると見込まれる状況下において本件融資をすることをＢが決定したものであることを主張立証し，かかる場合において本件融資を決定したＢの判断が善管注意義務に違反するかどうかが法的に解決すべき問題であることを明らかにすべきである。そして，この判断枠組みとしては，上記のとおり主張立証した事実関係の下では，例えば，甲社の客観性を持った抜本的な再建計画を立ててその一環として運転資金を融資したという事情が認められ，この再建計画が実行されれば融資した資金が回収される蓋然性があったなどの，無担保であっても客観的に回収の見込みがあったと言える合理的な事情がない限り，本件融資はＢの善管注意義務に違反することになるというものであることを明らかにし，上記の合理的な事情の有無が争点になることを浮き彫りにすべきである。こうすれば，経営判断の原則が適用される前提を欠くことが明らかになるのであり，事実により，Ｂの訴訟代理人弁護士が主張する経営判断の原則による裁量論の壁を崩すことができる。

4. 判断枠組み解明力，調査分析能力を高めるために

(1) 事案の骨格をとらえて法的に解決すべき問題を把握したら，その問題を解決する判断枠組みを解明し，そのために必要な調査を行い，分析して検討する必要があります。これらが的を射たものになるかどうか，どこまで効率よく行えるかは，実は，事案の骨格をとらえて法的に解決すべき問題を把握する段階でどこまで深く検討していたかによって大きく左右されます。急がば回れです。

「3. 法的に解決すべき問題が何かを的確に把握するために」の〈実践的ケース3-3の位置付け〉の図を参照してください。

(2) 把握した法的に解決すべき問題を解決する判断枠組みを解明するにあたって注意しなければならないのは，最高裁の判例の射程を過大に受け止めてはならないということです。若手法曹の一部には最高裁の判例の射程を過大に受け止める傾向が見られます。特に最高裁の判例法理が一般命題の形で判示されている場合に，その文言を法律の条文の文言と同様に，あるいはそれ以上に一般性のあるものと取り扱ったり，判例が当然の前提とすることを看過して，その前提が当てはまらない場合についてまで判例法理が妥当するものと取り扱ったりして，最高裁の判例に何とか引き寄せて事案を処理しようとする傾向です。

最高裁の判例を読むにあたっても，次に図示するとおり，判例法理の基礎となった事実関係を頭に入れて，当該事案の骨格をとらえて法的に解決すべき問題が何かを的確に把握し，これを踏まえて判例法理の意義，射程を考える必要があります（→実践的ケース4-1）。

図：判例法理の射程の検討方法

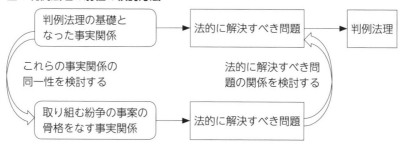

（3） 最高裁判所は，判断を示すにあたって，事実審における事実認定の在り方について基本的な指針となる事実認定の手法を判示することがあります。訴訟代理人弁護士としては，指針としての意義を見いだし，これを踏まえた効果的な主張立証を行う必要があります（→実践的ケース 4-2）。

（4） それでは，以上の点を各実践的ケースに即して見てみましょう。

実践的ケース 4-1

法的に解決すべき問題が判例の射程内かどうかを検討する際に行うべき方法は何か

建築基準法42条1項5号の規定による位置の指定を受け現実に開設されている道路を通行する次の者が「日常生活上不可欠の利益を有する者」に該当するかどうかをめぐる紛争
(1) 事業の必要上2tトラックで県道と集落とを結ぶ幅員2m強の里道を日常的に通行する者
(2) 位置指定道路に2m以上接する土地に自宅を建築して自家用車で出入りできるようにして通行していた者

Summary

取り組む紛争について，まず，法的に解決すべき問題を把握し，その問題を解決する判断枠組みをとらえる過程で適用すべき法規範及び関連する法令から成る法体系の中に関係する判例を適切に位置付けるようにする。その上で，判例形成の要となった事実と当該事案の事実関係とを比較対照し，判例形成の要となった事実に相当する事実が存在するかどうかを検討して，判例の射程が及ぶかどうかあるいはその趣旨が妥当するかどうかを判断する。

Introduction

　取り組んでいる事案について法的に解決すべき問題を把握し，その問題を解決する判断枠組みをとらえる過程で，適用すべき法規範及び関連する法令から成る法体系を調査検討中に関係がありそうな判例に行き当たり，当該事案にその法理の射程が及ぶかどうか，射程外であるとしてもその趣旨が妥当するかどうかについて検討しなければならないという場面に行き当たることは少なくありません。

　そのような場合にどのように検討して判断するか，押さえるべき点は何かを考えるために，例として，最高裁平成9年12月18日第一小法廷判決（民集51巻10号4241頁。以下「平成9年最判」という。野山宏「判解」最判解民事篇平成9年度(下)1439頁）を取り上げます。この判決は，後記のとおり，建築基準法42条1項5号の規定による位置の指定を受け現実に開設されている道路を通行することについて日常生活上不可欠の利益を有する者は，道路の通行をその敷地の所有者によって妨害され，又は妨害されるおそれがあるときには，敷地所有者に対して妨害行為の排除及び将来の妨害行為の禁止を求める権利（人格権的権利）を有するものと言うべきであると判示したものです。民事訴訟において私道をめぐる紛争が後を絶たず，時代，社会の変化とともに新たな装いを呈している現状に照らすと，この判決について考察する意義は小さくないと思われます。

　次のとおり，平成9年最判の射程が問題になる実践的ケースを2つ取り上げます。

ケース(1)

1　Aは，地方の集落に住み，自宅兼工場で漬け物製造業を営んでいる。Aが住む集落の近くには県道があり，県道と集落とは幅員2m強の里道（以下「本件里道」という）で結ばれている。Aを含む集落の人々は，県道と集落とを結ぶ本件里道を通って県道に出入りしている。

Aは，3年前から，漬け物の材料の搬入や製品の搬出のため2tトラックを使用するようになり，Aの取引業者も同様のトラックで本件里道を通行するようになったが，その後Bが本件里道に接するB所有地内一杯に伐木等を積み上げたため，2tトラックのように幅が2m近くもある車両は，車体の一部がB所有地内一杯に積み上げられた伐木等と接触するおそれが生じ，本件里道を通行することが困難となり，Aは，2年前（2tトラック使用開始の1年後）に2tトラックを処分し，軽自動車と同じ大きさの車両を購入して本件里道を通行するようになり，Aの取引業者もこれに倣った。

　本件里道は，C町が国から譲与されてその所有権を取得し，管理している。本件里道については道路法上の道路認定はされておらず，建築基準法42条1項5号により特定行政庁から位置の指定を受けたこともなく，同条2項の適用もない。集落の住民や関係者らは本件里道を徒歩や自転車，軽自動車，普通乗用自動車で通行しており，3年前から1年間AやAの取引業者が2tトラックで本件里道を通行していた以外には2tトラックのように車両の幅が2m近くもある比較的大きな車両で本件里道を通行する者はいない。

2　Aは，訴訟代理人に弁護士を選任し，Bの行為により2tトラック等で本件里道を通行することが妨げられたとして，Bに対し，不法行為による損害賠償を求めて提訴した。

3　Aは，2tトラック等で本件里道を通行することについて「日常生活上不可欠の利益を有する者」（平成9年最判）に当たると言えるか。

ケース(2)

1　A_1は，建築基準法42条1項5号の規定による位置の指定を受けて現実に開設されている道路であるB_1所有の土地（以下「B_1所有の位置指定道路」という）の北側に位置し，B_1所有の位置指定道路に約10m接する土地を購入し，建築確認を受けてここに自宅を建築して居住を開始し，敷地のうち東側の部分に駐車場を設置し，ここからB_1所有の位置指定道路に直接自家用自動車で出入りすることができるようにした。A_1は車で15分ほどを要する建物に事務所を開設している。A_1の自宅敷地は，南側がB_1所有の位置指定道路に面し，南南東側が第三者所有の私

道に約1.8m接していて、A_1の自家用自動車は、南側よりは少し出にくいが、南南東側からも出入りすることができる（位置関係については後記図5参照）。

B_1は、A_1にB_1所有の位置指定道路を通行する権利はないとして、B_1所有の位置指定道路のうちA_1所有地に近接した部分に大谷石を数個積んで固定し、その上に植木鉢を7個並べた。大谷石が積まれた部分（以下「本件大谷石設置部分」という）の高さは24cm、長さは7.2m、幅は12cmであった。これにより、A_1は、本件大谷石設置部分が障害となり、B_1所有の位置指定道路を通って敷地の東側に設置した駐車場に自家用自動車で出入りすることができなくなった。本件大谷石設置部分があっても、他の車両はB_1所有の位置指定道路を通行することができる。

2 A_1は、B_1所有の位置指定道路のうち本件大谷石設置部分を通行することについて「日常生活上不可欠の利益を有する者」（平成9年最判）に当たるとして、B_1に対し、本件大谷石設置部分の撤去、A_1が通行権を有することの確認及び通行妨害行為の禁止を請求することができるか。

解説

1 平成9年最判は、「建築基準法42条1項5号の規定による位置の指定（以下『道路位置指定』という。）を受け現実に開設されている道路を通行することについて日常生活上不可欠の利益を有する者は、右道路の通行をその敷地の所有者によって妨害され、又は妨害されるおそれがあるときは、敷地所有者が右通行を受忍することによって通行者の通行利益を上回る著しい損害を被るなどの特段の事情のない限り、敷地所有者に対して右妨害行為の排除及び将来の妨害行為の禁止を求める権利（人格権的権利）を有するものというべきである。けだし、道路位置指定を受け現実に開設されている道路を公衆が通行することができるのは、本来は道路位置指定に伴う反射的利益にすぎず、その通行が妨害された者であっても道路敷地所有者に対する妨害排除等の請求権を有しないのが原則であるが、生活の本拠と外部との交通は人間の基本的生活利益に属するものであって、これが阻害された場合の不利益には甚だしいものがあるから、外部との交通についての代替手段を欠く

などの理由により日常生活上不可欠なものとなった通行に関する利益は私法上も保護に値するというべきであり，他方，道路位置指定に伴い建築基準法上の建築制限などの規制を受けるに至った道路敷地所有者は，少なくとも道路の通行について日常生活上不可欠の利益を有する者がいる場合においては，右の通行利益を上回る著しい損害を被るなどの特段の事情のない限り，右の者の通行を禁止ないし制限することについて保護に値する正当な利益を有するとはいえず，私法上の通行受忍義務を負うこととなってもやむを得ないものと考えられるからである。」と説示しています。

上記の説示及び調査官の判例解説（野山・前掲1439頁）を踏まえ，検討すべき論点の構造を図で説明すれば，**図1～図4**のようになります。**ケース(2)**の位置関係の説明図も**図5**に掲げます。

2 建築基準法上の道路については同法42条1項が規定しています。同項は，「この章の規定において『道路』とは，次の各号の一に該当する幅員4メートル（特定行政庁がその地方の気候若しくは風土の特殊性又は土地の状況により必要と認めて都道府県都市計画審議会の議を経て指定する区域内においては，6メートル。次項及び第3項において同じ。）以上のもの（地下におけるものを除く。）をいう。」と規定し，同項5号は，「土地を建築物の敷地として利用するため，道路法，都市計画法，土地区画整理法，都市再開発法，新都市基盤整備法，大都市地域における住宅及び住宅地の供給の促進に関する特別措置法又は密集市街地整備法によらないで築造する政令で定める基準に適合する道で，これを築造しようとする者が特定行政庁からその位置の指定を受けたもの」と規定しています。

同号所定の道路は，主として宅地造成に伴って造成される私道であり，同号所定の位置の指定を受けなければ建築確認を得られないこととして造成の段階から幅員4m以上の道路を確保しようとするものです（野山・前掲1444頁）。同法42条1項にいう道路については，道路内に，又は道路に突き出して建築物を建築し，又は敷地を造成するための擁壁を築造してはならないという建築制限があります（同法44条1項）。同項による道路内の建築制限は建築物に付属する門又は塀に及びます（国土交通省「建築基準法道路関係規定運用指針の解説」〔平成21年1月改定〕61頁）。この建築制限の反

4. 判断枠組み解明力，調査分析能力を高めるために

図1：公衆が道路を通行する法的根拠

道路の定義
(建築基準法42条1項5号)

| 建築基準法42条1項5号による位置の指定を受けた，現実に開設されている道路（私道） |

道路内の建築制限
(同法44条1項)

| 道路の所有者は，道路内に，又は道路に突き出して建築物を建築し，又は擁壁を築造してはならない |

法規制の反射的効果としての道路の通行

| 公衆は，道路位置指定に伴う反射的利益として通行することができる |

※典型的には単なる通行人の通行の法的根拠を説明するものであると考えてよい。

| 公衆は，当該道路を通行することが所有者に妨害された場合に，妨害排除を請求する権利を有しない |

図2：法令，契約に基づく通行権を有し，妨害排除請求，妨害予防請求をすることができる場合

| 囲繞地通行権，地役権，賃借権，使用借権，契約に基づく通行権 | → | 左の権利のうちの一を有する者は，当該道路の通行が所有者に妨害された場合には，妨害予防・妨害排除請求をすることができる |

図3：判例が妨害排除請求，妨害予防請求をすることができることを明らかにした場合

| 平成9年最判は，人格権的権利として妨害予防・妨害排除請求権を認めた | → | 左の第一小法廷判決がいう「道路を通行することについて日常生活上不可欠の利益を有する者」に該当する者も，妨害予防・妨害排除請求をすることができる |

図4：判例で明言されていないが妨害排除請求，妨害予防請求をすることができると解するのが相当な場合

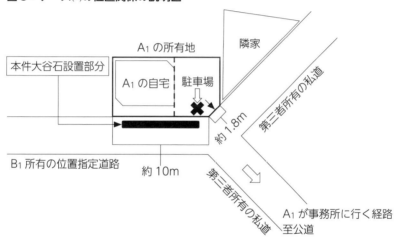

図5：ケース(2)の位置関係の説明図

射的効果として公衆が当該道路を通行することができることは，次の**3**の(1)において述べるとおりです（**図1**参照）。

　敷地等と道路との関係については建築基準法43条が規定しており，同条1項本文は，「建築物の敷地は，道路……に2メートル以上接しなければならない。」と規定しています。同項にいう道路は，同法42条1項で定義されています。敷地等と道路との関係について定める同法の規定の趣旨は，建物を建築しようとする者に対し，建物の敷地が幅員4m以上の道路に2m以上

接することを義務付けることによって，当該建物に係る避難，通行又は防火上の安全等を確保し，ひいては，その周辺に存する建物やその居住者の安全等にも寄与することにあると解するのが相当です（最一小判平成18・3・23集民219号967頁参照）。火災の際に消防自動車が当該道路を通行して現地に至ることも想定されていると考えられます。

　私道の変更又は廃止及びその制限については建築基準法45条が規定しており，同条1項は，「私道の変更又は廃止によって，その道路に接する敷地が第43条第1項の規定又は同条第2項の規定に基く条例の規定に抵触することとなる場合においては，特定行政庁は，その私道の変更又は廃止を禁止し，又は制限することができる。」と規定しています。この規定は，私道の変更又は廃止が原則として自由であり，当該私道の所有者の判断によって行うことができることを前提にしているものと解されます。例外的に私道の変更又は廃止が禁止され，又は制限されるのは，同条1項が規定している上記の場合（私道の変更又は廃止によってその道路に接する敷地が接道義務の規定に抵触することとなる場合）です。特定行政庁がその私道の変更又は廃止を禁止し，又は制限することができるという措置を命ずる場合には，同条2項により，同法9条2項から6項まで及び15項の規定が準用されます。

3 建築基準法42条1項5号の規定による位置の指定を受けた道路を通行する法的根拠について考えてみましょう（図1～図4参照）。

(1)　公衆がこの道路を通行することができるのは，公物の自由使用と同様の性質のものであり，同法44条1項等による規制の反射的利益として説明されています（野山・前掲1445頁及び引用する文献参照）。ここでいう公衆とは，単なる通行人を思い描けば分かりやすいと思います（図1参照）。私道一般について言えば，その通行の法的根拠と限界は古くて新しい問題です。大学付近に最寄り駅が新設されて学生が通学用に近道となる私道を通過するようになり，騒音等に悩む近隣住民との間で紛争が生じ，和解が成立したが，なお問題が収束していないことが，最近テレビの報道番組で取り上げられていました。

(2)　他の土地に囲まれて公道に通じない土地の所有者は，公道に至るため，その土地を囲んでいる他の土地を通行することができます（民法210条1

項）から，同項の規定により公道に至るための他の土地の通行権（囲繞地通行権）を有する者は，自己の固有の権利に基づいて建築基準法42条1項5号の規定による位置の指定を受けた道路を通行することができ，通行が妨げられ，又は妨げられるおそれがあるときは，妨害排除請求，予防請求をすることができます（自動車による通行を前提とする民法210条1項所定の通行権の成否及びその具体的内容を判断するために考慮すべき事情につき，最一小判平成18・3・16民集60巻3号735頁参照）。また，私道の所有者との間で，上記道路を通行することを目的とする①地役権設定契約を締結して地役権を有する者，②賃貸借契約を締結して賃借権を有する者，③使用貸借契約を締結して使用借権を有する者，④通行契約を締結して通行を許諾されている者も，建築基準法42条1項5号の規定による位置の指定を受けた道路を通行する権利を有し，これに基づいて妨害排除請求，妨害予防請求をすることができます（**図2**参照）。

　(3)　上記(2)以外の者で法的に保護された利益に基づいて建築基準法42条1項5号の規定による位置の指定を受けた道路を通行することができる者に当たるかどうかを検討するにあたり，考慮する必要があるのは，建築基準法43条1項本文が定める接道義務です。前記のとおり，建築物を建築しようとする者に対して建築物の敷地が幅員4m以上の道路に2m以上接することを義務付けることにより，当該建築物に係る避難，通行又は防火上の安全等を確保することなどが同項の趣旨であると解されます。同法は，建築物の敷地，構造，設備及び用途に関する最低の基準を定めて，国民の生命，健康及び財産の保護を図ることを目的としています（1条）。そうすると，同法43条1項本文が定める接道義務を遵守している根拠となる道路が通行可能なものとして存続することは，当該道路に接する敷地に建築された建築物の所有者，居住者等にとっては，当該建物に係る避難，通行又は防火上の安全等を確保する上で最低限必要なことであり，その生命，身体，財産の安全にかかわることですから，これらの者が当該道路を通行することができることは，法的に保護された利益に当たり，同法44条1項の建築制限の反射的利益に吸収解消されるものではなく，同法45条の私道の変更又は廃止の制限もその一環として位置付けるのが相当であると考えられます。これらの規定はも

ともと同法43条1項本文に係るこれらの者と私道の所有者との間の法律関係をめぐる問題を解決することを趣旨目的とするものであり，同法44条1項の建築制限の趣旨目的及び同法45条の私道の変更又は廃止の制限の趣旨目的は，その根底において上記私人間の法律関係をめぐる問題にも相通ずる面があると思われます。以上のとおり，建築基準法43条1項本文の上記趣旨目的，同法44条1項の建築制限の趣旨目的並びに同法45条の私道の変更又は廃止の制限の趣旨目的に鑑みれば，接道義務を遵守している根拠となる道路に接する敷地に建築された建築物の所有者，居住者等は，当該道路を通行することが妨げられ，あるいは妨げられるおそれがある場合には，私法上も，妨害排除請求，妨害予防請求をすることができてしかるべきであると考えられます（**図4**参照）。

　ちなみに，行政処分の取消しの訴え及び裁決の取消しの訴えについては，行政事件訴訟法9条1項（平成16年法律第84号による改正前は行政事件訴訟法9条）にいう「当該処分又は裁決の取消しを求めるにつき法律上の利益を有する者」とは，当該処分により自己の権利若しくは法律上保護された利益を侵害され又は必然的に侵害されるおそれのある者を言い，法律上保護された利益とは，当該行政処分の根拠となった法規が，私人等の個人的利益を保護することを目的として行政権の行使に制約を課していることにより保障される利益であって，それは，行政法規が他の目的，特に公益の実現を目的として行政権の行使に制約を課している結果たまたま一定の者が受けることとなる反射的利益とは区別されるべきものであると解されています（最三小判昭和53・3・14民集32巻2号211頁）。同条に関する一連の最高裁判所の判例を参照してください。平成16年法律第84号による改正後の最高裁判所の判例として，産業廃棄物処分業等の許可処分及び許可更新処分の取消訴訟及び無効確認訴訟と産業廃棄物の最終処分場の周辺住民の原告適格に関する最高裁平成26年7月29日第三小法廷判決（民集68巻6号620頁）があります。産業廃棄物処理場の周辺住民等は，その設置運営により生命，身体及び健康を害され，又は害されるおそれがあるときは，人格権に基づいて妨害排除請求及び妨害予防請求をすることができると解されており，前記のように解することは，根底においてこれと方向を同じくするものと言えます。

(4) 上記(2)及び(3)の各場合のほか，生活の本拠と外部との交通が阻害されることにより日常生活上受ける不利益の程度が著しいときには，外部との交通のために道路を通行する利益は私法上も保護に値すると解するのが相当ですから，近隣に居住している者で，外部の道路に出入りするのに当該道路を通行するについて切実な必要性があるものは，囲繞地通行権，地役権，賃借権，使用借権，契約に基づく通行権を有しない者であっても，単なる通行人とは異なり，当該道路を通行するについて公衆の通行の自由に吸収解消されない特別の必要があり，日常生活上の利益を維持保全するために，事実行為により当該道路の通行を妨害し，又は妨害するおそれがある当該道路の所有者に対して人格権に基づき妨害排除請求又は妨害予防請求をすることができるものと解するのが相当です。上記の，近隣に居住している者で外部の道路に出入りするのに当該道路を通行するについて切実な必要性があるものが平成9年最判にいう「建築基準法42条1項5号の規定による位置の指定……を受け現実に開設されている道路を通行することについて日常生活上不可欠の利益を有する者」に該当するものと考えられます（**図3**参照）。

(5) 平成9年最判は，道路の通行の妨害排除請求及び妨害予防請求を人格権的権利に基づく請求として理論構成すべきことを明らかにするとともに，「建築基準法42条1項5号の規定による位置の指定……を受け現実に開設されている道路を通行することについて日常生活上不可欠の利益を有する者は，右道路の通行をその敷地の所有者によって妨害され，又は妨害されるおそれがあるときは，敷地所有者が右通行を受忍することによって通行者の通行利益を上回る著しい損害を被るなどの特段の事情のない限り，敷地所有者に対して右妨害行為の排除及び将来の妨害行為の禁止を求める権利（人格権的権利）を有する」と説示しており，同法43条1項本文所定の接道義務を遵守している根拠となる道路に接する敷地に建築された建築物の所有者，居住者等に明示的には言及していませんが，これらの者が，当該道路を通行することが妨げられ，あるいは妨げられるおそれがある場合に妨害排除請求，妨害予防請求をすることができることを前提とするものと解するのが相当です。平成9年最判にいう「日常生活上不可欠の利益を有する者」という文言は限定的なニュアンスがありますが，接道義務とかかわりがない場合であっても，

生活の本拠と外部との交通が阻害されることにより日常生活上受ける不利益の程度が著しいときに妨害排除請求及び妨害予防請求をすることができると解するのが相当です（なお，野山・前掲1458頁は，請求を認容することができる場合の概括的要件を示していると説明しています）。

問題は，どのような事実が存在する場合に人格権的権利に基づいて妨害排除請求又は妨害予防請求をすることができるかを明らかにすることにあると言うべきでしょう。

4 各ケースについて検討します。

(1) **ケース(1)** では里道の通行が問題になっています。里道は法定外公共用物の1つとされます。法定外公共用物とは，里道，川，水路等，明治以前から存在し，明治7年太政官布告120号「地所名称区別」により第3種官有地（国有財産）とされた公物で，公共の用に供されているが，制定法上の公物管理法の定めの外にあるものを言うとされています（塩野宏『行政法Ⅲ〔第4版〕』〔有斐閣，2012年〕362頁～366頁）。法定外公共用物は，国有財産でありながらも国は実際の公物管理を行っておらず，地方公共団体が事実上管理している例が多かったのですが，地方分権の一環として，法定外公共用物（河川等，道路）の所有権を国が地方公共団体に譲渡する手続が整備され，財産管理と機能管理を市町村が一元的に行う体制をとることとされました（塩野・前掲364頁）。

平成9年最判は「建築基準法42条1項5号の規定による位置の指定を受け現実に開設されている道路を通行することについて日常生活上不可欠の利益を有する者」が人格権的権利を有すると判示しているので，里道はそもそも「建築基準法42条1項5号の規定による位置の指定を受け現実に開設されている道路」ではないという理由で平成9年最判の考え方は当てはまらないとする見解があり得ると思われます。この見解が**ケース(1)** に平成9年最判の射程が及ばないことを指摘する点は，その限度では正当です。しかし，仮にその趣旨が類推される余地まで否定するものであるとすれば，形式的に過ぎると思われます。**ケース(1)** では，原告Aを含む集落の人々は県道と集落とを結ぶ本件里道を通って県道に出入りしており，平成9年最判の趣旨が妥当する余地はあると考えられます。問題は，人格権的権利としての妨害排除

請求を認める根拠となる事実があるかどうかであり，この見地から検討するのが相当です。

また，**ケース(1)**では，Aは，里道の所有者に対して妨害排除請求をするのではなく，里道に隣接する土地の所有者被告Bに対して2tトラックで通行をすることを妨げたことを理由とする不法行為による損害賠償請求をしており，この点においても平成9年最判の考え方は当てはまらないとする見解があることも予想されます。しかし，ここでも，上述したことと同様のことが当てはまります。確かに，射程が及ばないことは自明のことですが，実質的にその趣旨が類推されるかどうかを検討することは，民法709条の法律上保護される利益に当たるかどうかを判断する上で重要な意義があります。また，道路の所有者だけでなく，道路の隣接地を所有する者の妨害行為も対象に含めることが妥当な場合もあり得ると考えられます。そこで，以下，事実関係の実質に即して検討します。

Aは，3年前から，漬け物の材料の搬入や製品の搬出のため2tトラックを使用するようになり，Aの取引業者も同様のトラックで本件里道を通行するようになりました。この事実を見る限り，Aが2tトラックで本件里道を通行する実績がなかったとは言えませんが，他方，集落の住民や関係者らは本件里道を徒歩や自転車，軽自動車，普通乗用自動車で通行しており，3年前から1年間AやAの取引業者が2tトラックで本件里道を通行していた以外には，幅員2m強の本件里道を2tトラックのように車両の幅が2m近くもある比較的大きな車両で通行する者はいませんでした。車両の幅が2m近くもある比較的大きな車両で本件里道を通行すれば，本件里道を徒歩又は自転車で通行中の者も本件里道外に逃げざるを得なくなるのであり，Aは，本件里道を普通の通行の仕方とは言えない仕方で通行していたことになります。仮に本件里道が道路法8条により市町村道の路線の認定を受けていた場合であれば，同法47条4項，車両制限令6条1項，2項により，A及びAの取引業者は本件里道を2tトラックのように車両の幅が2m近くもある比較的大きな車両で通行することはできなかったことになると思われます。

Aは2tトラック等で本件里道を通行することについて「日常生活上不可欠の利益を有する者」に該当せず，平成9年最判の法理が類推される者に該

当しないと言うべきです。

(2) ケース(2)では，①A_1が，建築基準法42条1項5号の規定による位置の指定を受け現実に開設されている道路であるB_1所有の位置指定道路に2m以上接する土地を購入し，建築確認を受けてここに自宅を建築して居住を開始したこと，②B_1が本件大谷石設置部分に大谷石等を積み上げたことにより，A_1は本件大谷石設置部分を通って敷地の一部に設置した駐車場に自家用自動車で出入りすることができなくなったことという事実が重要です（図5参照）。上記①及び②の事実が合わさった結果，A_1の自宅に火災その他の災害が発生した場合に居住者が敷地外に避難する上で支障が生じ，消防自動車や災害救助のための自動車が進入して消防活動及び救助活動を行う上でも支障が生じることになる高度の蓋然性があると認められるとすれば，どう考えるべきでしょうか。

前記のとおり，平成9年最判は，建築基準法42条1項5号の規定による位置の指定を受け現実に開設されている道路を通行することについて日常生活上不可欠の利益を有する者は，当該道路の通行をその敷地の所有者によって妨害され，又は妨害されるおそれがあるときは，敷地所有者が通行を受忍することによって通行者の通行利益を上回る著しい損害を被るなどの特段の事情のない限り，敷地所有者に対して妨害行為の排除及び将来の妨害行為の禁止を求める権利（人格権的権利）を有するものと言うべきであるという法理を説示しています。「建築基準法42条1項5号の規定による位置の指定を受け現実に開設されている道路を通行することについて日常生活上不可欠の利益を有する者」に「近隣に居住して相当の長期間上記道路を自動車で通行していた実績があることなど，その者が上記道路を自動車で通行することについて日常生活上不可欠の利益を有していると評価することができる根拠となる事実」が存在する場合における近隣の居住者が該当することは明らかですが，それだけでなく，道路位置指定を受け現実に開設されている道路に接することにより建築基準法43条所定の接道義務を遵守することになる建築物の居住者も，当該道路の通行を敷地の所有者によって妨害されれば，原則として，その自宅に火災その他の災害が発生した場合に居住者が敷地外に避難する上で支障が生じ，消防自動車や災害救助のための自動車が進入して消

防活動及び救助活動を行う上でも支障が生じることになる高度の蓋然性があると認められますから，上記日常生活上不可欠の利益を有する者に当然の前提として該当すると解するのが相当です（**図4**参照）。前記のとおり，同法45条は接道義務との関係で私道の変更又は廃止を制限することとしており，全法秩序の整合性の観点からも，上記のとおりに解するのが相当です。

A_1 は，B_1 所有の位置指定道路のうち本件大谷石設置部分について「日常生活上不可欠の利益を有する者」（平成9年最判）に当たると考えられますから，B_1 に対し，本件大谷石設置部分の撤去，A_1 が通行権を有することの確認及び通行妨害行為の禁止を請求することができます。

5 ケース(1)及び(2)については以上のとおりですが，関連する最高裁判所の先例が相当数ありますので，必要に応じて検討してください。その際留意すべき点ですが，最高裁の判例を読むにあたっては，判例の基礎となった事実関係を頭に入れて，当該事案の骨格をとらえて法的に解決すべき問題が何かを的確に把握し，判例法理の意義，射程を考える必要があります。そして，適用すべき法規範及び関連する法令から成る法体系の中に当該判例を適切に位置付ける必要があります。その上で，判例形成の要となった事実と当該事案の事実関係とを比較対照し，判例形成の要となった事実に相当する事実が存在するかどうかを検討して，判例の射程が及ぶかどうかあるいはその趣旨が妥当するかどうかを判断します。判例法理が一般命題の形で判示されている場合であっても，その文言を法律の条文の文言と同様に，あるいはそれ以上に一般性のあるものと取り扱うようなことをせずに，判例法理の意義，射程を十分考える必要があります。

まとめ

取り組んでいる事案に適用される法規範を検討している過程で，見いだした関係判例の射程が当該事案に及ぶかどうか，あるいはその趣旨が妥当するかどうかについて検討するにあたっては，まず，判例が示した法理に関連する法令を調査し，法体系の中に当該判例を適切に位置付けてその意義を検討する必要がある。それとともに，当該判例の事案を検討して法理形成の要と

なった事実を把握し，その上で，取り組んでいる事案を検討し，判例の法理形成の要となった事実に相当する事実があるかどうかを検討する。

ケース(1)については，1年間 A や A の取引業者が 2t トラックで本件里道を通行していた以外には，幅員 2m 強の本件里道を 2t トラックのように車両の幅が 2m 近くもある比較的大きな車両で通行する者はおらず，車両の幅が 2m 近くもある比較的大きな車両で本件里道を通行すれば，本件里道を徒歩又は自転車で通行中の者も本件里道外に逃げざるを得なくなるのであり，A は，本件里道を普通の通行の仕方とは言えない仕方で通行していたと言えることなどに照らせば，A は 2t トラック等で本件里道を通行することについて「日常生活上不可欠の利益を有する者」に該当せず，平成 9 年最判の法理が類推される者に該当しないと言うべきである。

ケース(2)については，「建築基準法 42 条 1 項 5 号の規定による位置の指定を受け現実に開設されている道路を通行することについて日常生活上不可欠の利益を有する者」（平成 9 年最判）には，「近隣に居住して相当の長期間上記道路を自動車で通行していた実績があることなど，その者が上記道路を自動車で通行することについて日常生活上不可欠の利益を有していると評価することができる根拠となる事実」が存在する場合における近隣の居住者が該当するだけでなく，道路位置指定を受け現実に開設されている道路に接することにより建築基準法 43 条所定の接道義務を遵守することになる建築物の居住者も，上記日常生活上不可欠の利益を有する者に当然の前提として該当すると解するのが相当である。

A_1 は B_1 所有の位置指定道路のうち本件大谷石設置部分について「日常生活上不可欠の利益を有する者」に該当すると考えられる。

実践的ケース
4-2

上告審判決から事実認定に関するメッセージを読み取る秘訣は何か

貸金業者との継続的金銭消費貸借取引に基づく約定の債務の存在を前提にした返還に関する合意が過払金返還請求権の帰趨も対象に含めた和解に当たるかどうかをめぐる紛争

Summary

最高裁判所は事実認定の手法を判示することがあるから，訴訟代理人弁護士としては，そこから事実審における事実認定の在り方について基本的な指針となるものを読み取り，これを踏まえた主張立証を行うべきである。

Introduction

最高裁判所は事実審における事実認定の在り方について基本的な指針となる事実認定の手法を判示することがあります。訴訟代理人弁護士としては、これを踏まえた主張立証を行う必要があります。

実践的ケース2-1で，契約書の条項の文言が一義的に明らかではなく，各当事者がそれぞれ別の意味を託していて契約条項の内容に争いがある場合にどのように合意を解釈すべきかについて判示している最高裁平成26年12月19日第二小法廷判決（判時2247号27頁）を挙げましたが，同判決の法廷意見及び千葉勝美裁判官の補足意見は，上記の場合に事実審がどのように合意を解釈すべきかについて基本的な指針となる手法を判示していますから，参考にしてください。

ここでは，最高裁平成27年9月15日第三小法廷判決（判時2281号98頁。以下「平成27年最判」という）が示す事実認定の手法を取り上げて，**ケース**について考えてみたいと思います。

ケース

1 Aは，貸金業者B社との間で継続的に金銭の借入れと返済の取引を繰り返していた。B社は，Aに対し，優良な顧客に限っての特別サービスであると説明し，残金は13万7650円であるが，あと9万9998円返済すれば，全額完済の扱いにする，キャンペーン期間中に限ってのことなので，この機会に是非そうしてはどうかと勧誘した。後記のとおり，当時過払金約180万円が発生していたが，Aは，そのことを知らず，B社が提示したのは自分に有利な特別サービスであると考え，この提案を受け入れることにし，指定された日にB社に対し同額を支払った。これを受けて，AとB社は，AがB社に対し，借入金返還債務13万7650円の支払義務があることを認め，上記9万9998円を支払ったことを確認する，B社はAに対しその余の債務を免除する，AとB社との間に他に何らの債権債務が存在しないことを確認する旨の記載のある「和解契約書」と題す

る書面（以下「本件和解書」という）に署名（記名）押印した。当時ＡとＢ社との間には訴訟は係属していなかった。

　Ａは，その後，本件和解書による合意当時，過払金180万6234円が発生していたことを知り，訴訟代理人に弁護士を選任してＢ社に対し上記過払金の返還及び法定利息の支払を求める訴訟を提起した。

　Ｂ社は，本件和解書に上記のとおり記載されている以上，Ａは貸金残元本の存在及びその額を確認したことが明らかであり，そうであるとすればこのことと表裏の関係にある過払金の不存在もＡは自ら確認したことになる，Ｂ社は，必要があれば，みなし弁済の主張をして過払金の不存在を主張立証することができたのであるが，本件和解により，そうすることをやめたことになるから，双方が互譲して上記合意をしたことになるのであり，この合意は和解に当たるとし，この和解によりＡの過払金返還請求権は消滅したなどと主張して争った。このケースは，平成18年法律第115号による改正前の貸金業の規則等に関する法律による規律を受けることを前提とする。

2　Ａの訴訟代理人弁護士は，Ｂ社の上記主張に対し，どのように主張し，立証をすべきか。

解説

1　ケースの事実関係を図示すれば，次の図1のとおりです。論点の検討のための図解も図2に示し，平成27年最判が示す事実認定の手法に関する図解も図3に示します。

2　原告Ａと被告Ｂ社とは本件和解書による合意をしましたが，この合意によりＡの過払金返還請求権が放棄されたと言うことができるかどうかが，ケースにおける法的に解決すべき問題です。これを肯定するには，上記合意にあたり過払金返還請求権の発生の有無及びその額（みなし弁済の成否）について当事者間に争いがあり，互いに譲歩をしてその間に存する争いをやめることを約したと言うことができなければなりません。民法695条は，「和解は，当事者が互いに譲歩をしてその間に存する争いをやめることを約することによって，その効力を生ずる。」と規定しているところです。

図1：ケースの事実関係

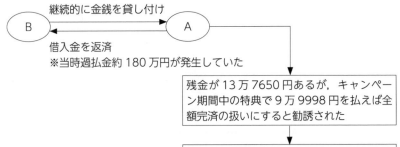

図2：論点の検討のための図解

[争点]

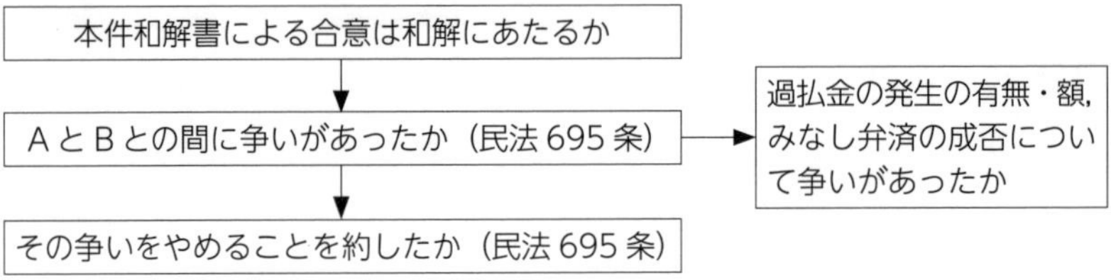

```
本件和解書による合意は和解にあたるか
        ↓
AとBとの間に争いがあったか（民法695条） → 過払金の発生の有無・額，みなし弁済の成否について争いがあったか
        ↓
その争いをやめることを約したか（民法695条）
```

星野英一『民法概論Ⅳ（契約）』（良書普及会，1994年）343頁は，確定効の認められるべき契約を和解と解すれば足り，両要件は緩やかに解釈すべきであるとしますが，この見解によっても，和解の確定効が及ぶと解するのが相当であると言うためには，確定効が認められるかどうかが問題になる事項について，和解時に当事者双方が当事者間に当該事項が懸案として存在していることを認識した上で，当該事項をどう決着させるか，その帰趨を決めたと言うことができる実質があることを要すると解するのが相当であると考えま

図3：平成27年最判が示す事実認定の手法に関する図解

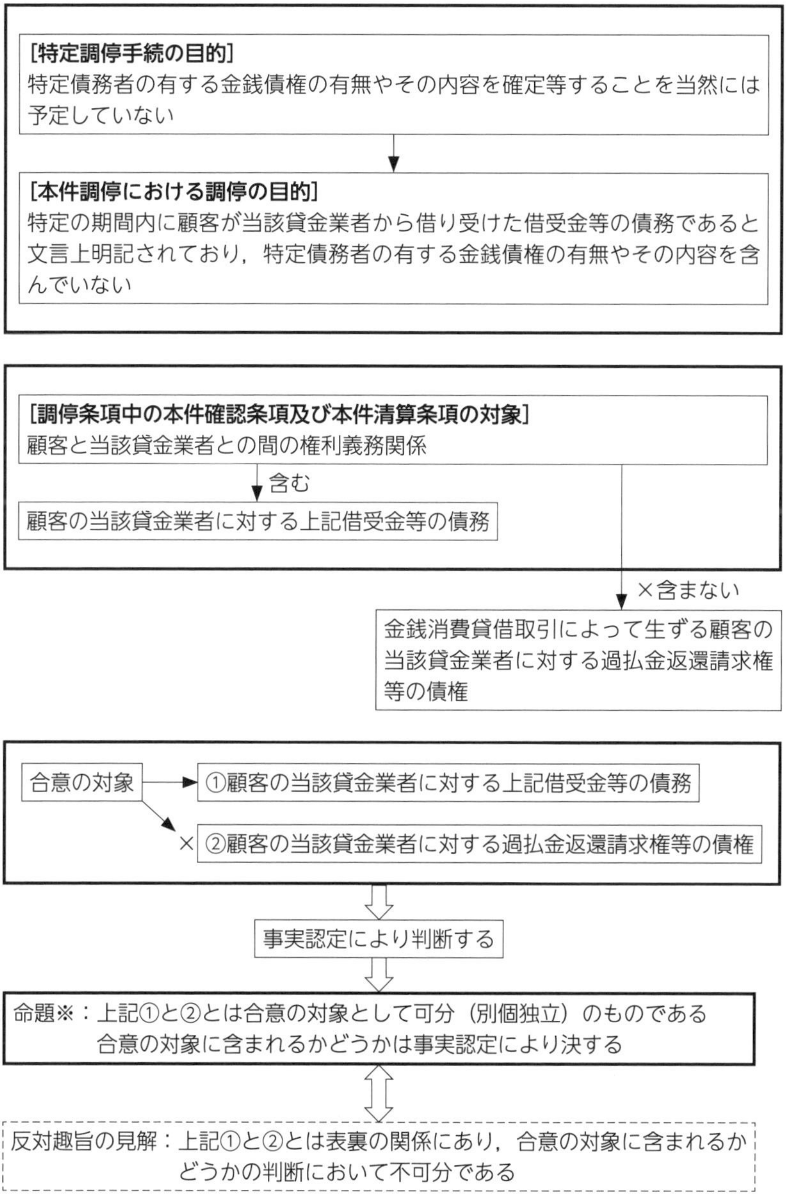

```
[特定調停手続の目的]
特定債務者の有する金銭債権の有無やその内容を確定等することを当然には
予定していない
          ↓
[本件調停における調停の目的]
特定の期間内に顧客が当該貸金業者から借り受けた借受金等の債務であると
文言上明記されており，特定債務者の有する金銭債権の有無やその内容を含
んでいない
```

```
[調停条項中の本件確認条項及び本件清算条項の対象]
顧客と当該貸金業者との間の権利義務関係
   ↓含む
 顧客の当該貸金業者に対する上記借受金等の債務
                                              ×含まない ↓
                              金銭消費貸借取引によって生ずる顧客の
                              当該貸金業者に対する過払金返還請求権
                              等の債権
```

```
合意の対象 ─→ ①顧客の当該貸金業者に対する上記借受金等の債務
          ×→ ②顧客の当該貸金業者に対する過払金返還請求権等の債権
                         ↓
                    事実認定により判断する
                         ↓
命題※：上記①と②とは合意の対象として可分（別個独立）のものである
       合意の対象に含まれるかどうかは事実認定により決する
                         ↕
反対趣旨の見解：上記①と②とは表裏の関係にあり，合意の対象に含まれるか
              どうかの判断において不可分である
```

4. 判断枠組み解明力，調査分析能力を高めるために

図 4：平成 27 年最判が示す事実認定の手法の意義

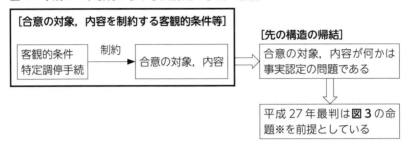

す。

　本件和解書による合意当時，AとB社との間では両者の間の継続的な金銭消費貸借取引の約定の残金が 13 万 6234 円が発生していたことを知らなかったと言うのですから，AとB社との間で過払金返還請求権の発生の有無及びその額（みなし弁済の成否）について争いがあったと言うことはできず，したがって，互いに譲歩をしてその間に存する争いをやめることを約したと言うこともできないと考えられます。星野・前掲 343 頁の見解によっても，Aが過払金発生の事実を知らなかったという事実関係の下では和解の確定効は認められないことになると解するのが相当です。なお，本件和解書による合意にはいわゆる清算条項がありますが，これを認定上の根拠（証拠）に上記の点について争いがあったと認定することはできないものと考えられます。

3　平成 27 年最判は，過払金が発生している継続的な金銭消費貸借取引の当事者間で特定調停手続において成立した調停であって，借主の貸金業者に対する残債務の存在を認める旨の確認条項及びいわゆる清算条項を含むものが公序良俗に反するものとは言えないとしたものですが，この点に関する判例としての意義だけでなく，事実認定に関する手法を示している点においても意義があります。平成 27 年最判が示す事実認定の手法に関する図解は，**図 3** のとおりです。平成 27 年最判は，次のとおり判示しています。

　「本件調停は特定調停手続において成立したものであるところ，特定調停手続は，支払不能に陥るおそれのある債務者等の経済的再生に資するため，債務者が負っている金銭債務に係る利害関係の調整を促進することを目的と

するものであり，特定債務者の有する金銭債権の有無やその内容を確定等することを当然には予定していないといえる。本件調停における調停の目的は甲取引〔継続的な金銭消費貸借取引〕のうち特定の期間内に被上告人が甲から借り受けた借受金等の債務であると文言上明記され，本件調停の調停条項である本件確認条項〔被上告人の残元利金一定額を確認する条項〕及び本件清算条項〔被上告人と甲の間に債権債務がないことを確認する条項〕も，上記調停の目的を前提とするものといえる。したがって，上記各条項の対象である被上告人と甲との間の権利義務関係も，特定債務者である被上告人の甲に対する上記借受金等の債務に限られ，甲取引によって生ずる被上告人の甲に対する過払金返還請求権等の債権はこれに含まれないと解するのが相当である。そして，本件確認条項は，上記借受金等の残債務として，上記特定の期間内の借受け及びこれに対する返済を利息制限法所定の制限利率に引き直して計算した残元本を超えない金額の支払義務を確認する内容のものであって，それ自体が同法に違反するものとはいえない。また，本件清算条項に，甲取引全体によって生ずる被上告人の甲に対する過払金返還請求権等の債権を特に対象とする旨の文言はないから，これによって同債権が消滅等するとはいえない。以上によれば，本件確認条項及び本件清算条項を含む本件調停が，全体として公序良俗に反するものということはできない。」

　上記判示によれば，平成27年最判は，本件調停における調停の目的が当該貸金業者との間の継続的な金銭消費貸借取引のうち特定の期間内に借受人（債務者）が当該貸金業者から借り受けた借受金等の債務であること，上記取引全体によって生ずる借受人の当該貸金業者に対する過払金返還請求権等の債権は対象とされていないことを明確にしています。これは特定調停手続において成立した合意についての判断ではありますが，当事者間の合意に光を当てれば，合意の対象が何かを確定することが事実認定の基本となることを示していると言えます（**図4**参照）。事実審は，証拠により合意の対象が何かを事実認定する必要があります。このことは事実認定の基本であり，あまりに当然のことではありますが，やはり大切なメッセージです。

4　**ケース**にこれをあてはめるのであれば，本件和解書による合意の対象が何かを証拠により事実認定すべきことになります。**ケース**では民法

695条の要件を満たすかどうかが問題になりますから，その観点から，上記合意にあたり過払金返還請求権の発生の有無及びその額（みなし弁済の成否）について当事者間に争いがあり，互いに譲歩をしてその間に存する争いをやめることを約したと言うことができるかどうかを検討すべきことになります。前記のとおり，本件和解書による合意当時，AとBとの間では両者の間の継続的な金銭消費貸借取引の約定の残金が13万7650円であったことについては争いがなく，Aは過払金180万6234円が発生していたことを知らなかったと言うのですから，AとBとの間で過払金返還請求権の発生の有無及びその額（みなし弁済の成否）について争いがあったと認めることはできず，したがって，互いに譲歩をしてその間に存する争いをやめることを約したと認めることもできないと考えられます。本件和解書による合意の清算条項を認定上の根拠（証拠）に上記の点について争いがあったと認めることもできないと考えられます。Aの訴訟代理人弁護士は，本件和解書による合意にあたり過払金返還請求権の発生の有無及びその額（みなし弁済の成否）について当事者間に争いがあったとは言えず，互いに譲歩をしてその間に存する争いをやめることを約したということは言えないことを主張し，Aの陳述書，本人尋問で立証すべきです。

5 ケースについては以上のとおりですが，過払金返還請求訴訟の歴史的経緯を少し見てみましょう。

過払金返還請求訴訟において，債務者が任意に支払った利息・損害金のうち利息制限法所定の制限を超える部分が民法491条により残存元本に充当されるかどうかについて，昭和37年6月13日の大法廷判決（民集16巻7号1340頁）が昭和39年11月18日の大法廷判決（民集18巻9号1868頁）によって変更された後，貸金業の規制等に関する法律（平成18年法律第115号により題名は貸金業法に改められた）が制定されて同法43条において債務者が利息として金銭を任意に支払った場合に所定の要件を満たすときは有効な利息の債務の弁済とみなす旨規定されました。しかし，最高裁平成19年7月13日第二小法廷判決（民集61巻5号1980頁。和久田道雄「判解」最判解民事篇平成19年度（下）556頁）は，①各回の返済金額について一定額の元利金の記載と共に別紙償還表記載のとおりとの記載のある借用証書

の写しが借主に交付された場合において，当該償還表の交付がなければ貸金業の規制等に関する法律17条1項に規定する書面の交付があったとは言えないとする判断を示すとともに，②民法704条の「悪意の受益者」であると推定される場合について，「貸金業者が利息制限法1条1項所定の制限を超える利息を受領したが，その受領につき〔貸金業の規制等に関する法律〕43条1項の適用が認められない場合には，当該貸金業者は，同項の適用があるとの認識を有しており，かつ，そのような認識を有するに至ったことについてやむを得ないといえる特段の事情があるときでない限り，民法704条の『悪意の受益者』であると推定される」という判断を示しました。上記第二小法廷判決が判示したのは事例判断としてであり，しかも実質的には事実認定の手法に関する判断でしたが，事実審に対して圧倒的な影響を与え，同様の手法による同様の判断が繰り返されました。そういう中で，**ケース**のように訴訟外で貸金業者と債務者とが和解と目される合意をする例が相当数あり，その後に提起された過払金返還請求訴訟で和解の効力が争われるに至ったという経過があります。

6 事実審は証拠により合意の対象が何かを事実認定する必要があることは前記のとおりですが，裁判実務に携わっていると，時折，継続的な金銭消費貸借取引に基づく借入金返還債務と過払金返還請求権とは表裏の関係にあり，上記取引の当事者間の合意で借入金返還債務の存在を確認することは，とりもなおさず過払金返還請求権が存在しないことの確認を意味するとする考え方（「表裏一体説」と呼ぶことがあるようです）に立つ裁判例に接することがあります。もっとも，そのような考え方を理由付けに採用して判断がされたとする裁判例の事案を見ますと，当該具体的な事案の事実関係の下では結論としては相当であったと言えるものが大半であると思われますが，中には上記の考え方をあたかも数学の定理のように扱って無批判に適用し，その結果当該事件の結論が不当なものとなったと思われるものが見受けられます。しかし，合意の対象が何かは，合意の意思解釈の問題ですから，証拠によって認定すべき事実に該当します。仮に上記の考え方を事実認定の場面に投影するならば，当事者間の合意で借入金返還債務の存在を確認した以上，当事者は過払金返還請求権が存在しないことを確認する意思であった

と認定(推認)されるということになりますが、そうであるとすれば、この認定(推認)を動揺させる反対趣旨の証拠、間接事実があれば、上記の認定(推認)をすることはできなくなります。上記の考え方をあたかも数学の定理のように扱って機械的に適用することは、合意の対象が何かを証拠によって認定せずに、理屈で代替しようとすることになりますから、平成27年最判が示す事実認定の基本的な手法に反するものであり、不合理な認定であるというほかはありません。事実認定の基本は大切にしなければならず、他人の考えを批判的に十分検討し吟味することなくそういう考え方があるというだけでこれに頼るような安易な道を選んではならないのです。

当事者の意思解釈において表裏の関係にあることを認定判断の場面である事実を認定する根拠として持ち込むことは、慎重にすべきです。

7 合意をした当時既に過払金が発生していた場合については以上のとおりですが、合意をした当時過払金が発生していなかった場合には過払金の有無を合意の対象にすることはできなかったわけですから、別問題ということになります。

まとめ

事実認定の基本に立ち返って考えれば、上告審判決から事実認定に関するメッセージを読み取ることができる。

平成27年最判は、事実認定の手法として合意の対象が何かを確定することが基本となることを示しており、事実審に対する事実認定の在り方についての基本的なメッセージを送るものとしての意義がある。過払金返還請求権の帰趨も対象に含めた和解の成否が問題となる事案についても、上記の手法に沿って証拠により事実認定がされる必要があるから、訴訟代理人弁護士は上記の点を踏まえて適切に主張立証すべきである。

ケースでは民法695条の要件を満たすかどうかが問題になる。本件和解書による合意当時、AとB社との間では両者の間の継続的な金銭消費貸借取引の約定の残金が13万7650円であったことについては争いがなく、Aは過払金180万6234円が発生していたことを知らなかったというのであるか

ら，AとB社との間で過払金返還請求権の発生の有無及びその額（みなし弁済の成否）について争いがあったということはできず，したがって，互いに譲歩をしてその間に存する争いをやめることを約したということもできない。本件和解書による合意の清算条項を根拠に上記の点について争いがあったということもできない。Aの訴訟代理人弁護士は，上記のとおり主張し，Aの陳述書，本人尋問で立証すべきである。

5. 問題解決能力を高めるために

　訴訟代理人弁護士が，事案の骨格をとらえて法的に解決すべき問題を把握し，これを解決する判断枠組みを検討し，そのために必要な調査を行ったら，証拠を吟味し，適切に事実認定を行えば，問題は解決することになります。しかし，法的に解決すべき問題が判例学説であまり論じられていない隙間の論点であることが判明した場合には，どうしたらよいでしょうか。

　法的に解決すべき問題と判断枠組みとの関係，判例学説の隙間の論点との関係を示す図解は，次のとおりです。なお，ここに新たな法規範の創造との関係も示しておきます。

　このような事態は，民事訴訟実務の現場では，決して例外ではなく起こり得ます。法的に解決すべき問題が判例学説であまり論じられていない隙間の論点であることが判明した場合には，隙間となっている法規範を補充しなければ問題を解決することができません。

　それでは，各実践的ケースに即してどう解決するかを見ていくことにしましょう。

図：法的に解決すべき問題と判断枠組みとの関係，隙間の論点との関係

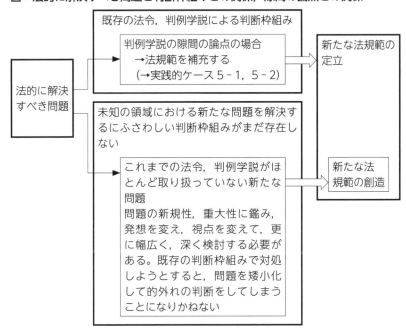

実践的ケース 5-1

判例学説の隙間の論点を解決するのに必要な方法は何か（その1）

所有者が詐欺により土地を売り渡したが詐欺による取消しをする前に騙取した買主が善意の第三者に土地を転売し，当該土地の引渡しが未履行である場合の法律関係をめぐる紛争

Summary

　法的に解決すべき問題が体系書，コンメンタール等であまり論じられていない隙間の論点である場合には，当該論点を更に検討し，関連する，既に確立している法規範の体系を把握・整理し，その体系の中に当該論点を適切に位置付ける。上記法規範の体系を分析・検討して，当該論点の検討に必要，かつ，有益な，関連する法規範を見いだし，その趣旨目的を把握し，立法者の価値判断・比較衡量を読み取って，隙間の論点の解決に有益な情報を収集し，柔軟に，かつ，幅広く考察して妥当な解釈を導く。このような検討が必要である。

　これらを行うには，図を描いて考えることが効果的である。思考過程を目に見える形にすることで，自分の考えを客観的に検討し，考えを広め，深めることができるからである。自問自答を繰り返し，自分の言葉で考えて，書き出してみる。これを継続することによって実務で役立つ，考える力が培われる。真剣な議論をする仲間を得ることも必要である。

Introduction

　法的に解決すべき問題が体系書，コンメンタール等であまり論じられていない隙間の論点であることは，実務上しばしば遭遇することです。そのような場合にどうすべきかについて，**ケース**に即して考えてみましょう。

ケース

1　Aは，都市部の郊外に他人に賃貸中の土地を含む広大な一帯の土地（以下「本件土地」という）を所有しており，資産としての有効活用を検討していた。Aは，Bから，大手運送会社甲が車両基地等の用地として広大な土地を必要としているので甲社に本件土地を高値で売却することができるが，これを実現するためには甲社の役員と親しいBの名前を使う必要があり，本件土地をBに売り渡してB名義に所有権移転登記をした上でBから甲社に譲渡する必要があるという話を聞いた。Aは，甲社が車両基地等に広大な土地を探していることを示す文書や，Bが甲社の役員と親しいことを示す写真，メール等を示され，言葉巧みに語るBの話を信用して本件土地についてB名義に売買を原因とする所有権移転登記をした。Aは，Bから全く売買代金の支払を受けておらず，Bとの間で，Bから売買代金の支払を受けるのと引換えにBに対し本件土地を引き渡すことを約していた。Aは，Bの指示どおりに本件土地の一部の賃貸借契約の合意解約を進めるなどして甲社に対する売却の準備を進めていた。

　Bは，その後，Aに無断で，甲社ではないCに対して本件土地を売却し，Cから売買代金の一部の支払を受け，その時点でC名義に所有権移転登記をした。BC間の売買契約では，Bが賃貸借契約を解約して更地にした上でCに対し本件土地を引き渡すのと引換えに残代金を支払うこととされていた。本件土地の一部の賃貸借契約の合意解約は完了し，物件が収去されて本件土地は更地になったが，BC間の売買契約に基づく本件土地の引渡し及び残代金の支払がされる前に，後記のとおりAがBに対し詐欺による取消しの意思表示をし，BC間の売買契約に基づく本件土地の引渡し及び残代金の支払はされないままとなった。

実践的ケース 5 - 1

　　Aは，BがAに無断でCに本件土地を売却して所有権移転登記をしたことを知り，事後報告も一切ないので，不審に思って調査した結果Bに騙されていたことに気づき，Bに対し，詐欺を理由として本件土地の売渡しの意思表示を取り消した。
　　Aは，訴訟代理人に弁護士を選任して，Bに対し，本件土地について詐欺による取消しを理由として真正な登記名義の回復を原因とする所有権移転登記手続及び不法行為による損害賠償を請求し，Cに対し，真正な登記名義の回復を原因とする所有権移転登記手続を請求するとともに，Bに対する不法行為による損害賠償請求権を被保全債権とし，BC間の本件土地の売買契約に基づくBのCに対する残代金支払請求権を代位行使してその支払を請求する訴訟を提起した。
　　Bは詐欺を否認してAの請求を争い，CはBの主張を援用するとともに仮にBの行為が詐欺に当たるとしても自分は善意の第三者であるなどと主張してAの請求を争った。

2　　Bの行為が詐欺に当たり，詐欺を理由とするAによる取消しの意思表示は有効と認められ，Bに対する請求は認容されるべきものであるが，CはBの詐欺につき善意の第三者であるとした場合に，Aの請求のうち，Cに対し，Bに対する不法行為による損害賠償請求権を被保全債権とし，BC間の本件土地の売買契約に基づくBのCに対する残代金支払請求権を代位行使する請求についてはどのように考えたらよいか。
　　Cは，自己の権利利益を保全するために，Aに対し，どのような請求をすることができるか。

解説

1　　ケースの事実関係によれば，本件土地について原告Aと被告Bとの間で売買契約が締結され，B名義に所有権移転登記がされており，AからBに信託的譲渡がされたと解するのが相当であると思われます。AB間の売買契約におけるAの売渡しの意思表示は，Bの詐欺を理由として取り消されました。しかし，この詐欺を理由とする取消しの意思表示がされる前に本件土地についてBC間の売買契約が締結され，被告Cが本件土地を買い受け，所有権移転登記がされました。これらの事実関係を図示すれば，**図**

163

1 のとおりです。

2 Aは，Cに対し，Bの残代金支払請求権を代位行使する請求をしています。Cは，この請求に対し，引換えに本件土地の引渡しがされない限り請求を拒む旨の同時履行の抗弁権を主張することができるでしょうか。BC間の売買契約では，Bが賃貸借契約を解約して更地にした上でCに対し本件土地を引き渡すのと引換えに残代金を支払うこととされていました。本件土地の一部の賃貸借契約の合意解約は完了し，物件が収去されて本件土地は更地になりましたが，AからBに対する本件土地の引渡しは完了していなかったところ，BC間の売買契約に基づく本件土地の引渡し及び残代金の支払がされる前にAがBに対し詐欺による取消しの意思表示をしましたから，BがAから本件土地の引渡しを受けることはできなくなり，BC間の売買契約に基づくB（売主）の債務は，本来履行不能になるべきものです。しかし，CがBの詐欺につき善意の第三者であるときはそうならないと考えられます。そのように解さないと，**ケース**のような場合には善意の第三者を保護する民法96条3項の趣旨が損なわれることになるからです。

　それでは，AとCとの間の法律関係はどのように調整して解決すべきでしょうか。判断枠組みとして適用すべき法規範の中身が問われています。論点の検討のために図解をして考えてみましょう。論点の検討のための図解は，**図2**のとおりです。

3 上記2のとおり，CがBの詐欺につき善意の第三者であるときは，BとCとの間の売買契約に基づくB（売主）の債務は履行不能にならないと考えられます。そうすると，CはAの請求に対し同時履行の抗弁権を主張することができることになります。また，Cは，Aに対し，AB間の売買契約に基づくBの債務を履行すれば，本件土地の引渡しを請求することができることになります。これらの点に関する図解は，**図3**のとおりです。

4 上記2及び3の論点は，手近な一般的な教科書を見た限りでは触れられていません。川島武宜＝平井宜雄編集『新版注釈民法(3)総則(3)』（有斐閣，2003年）480頁〔下森定〕においても，「Cに対して取消しの効果を主張してその不動産の返還を請求することはできない。Aは，ただBに対し売買は無効だから不動産を返還せよと請求しあるいはその不能であるこ

図1：ケースの事実関係（本件土地の売買契約）

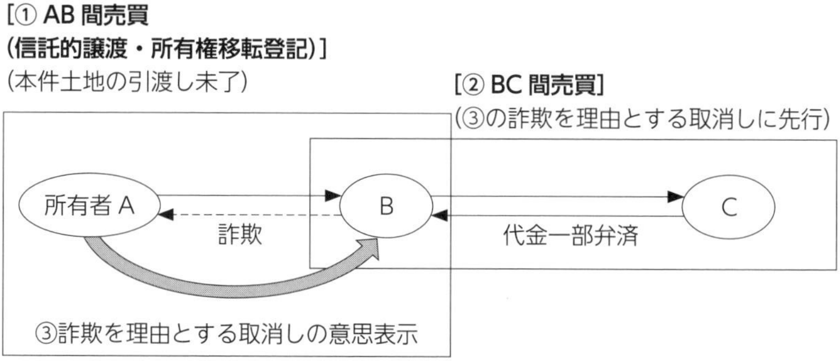

[① AB間売買
（信託的譲渡・所有権移転登記）]
（本件土地の引渡し未了）

[② BC間売買]
（③の詐欺を理由とする取消しに先行）

所有者A ←--詐欺--→ B ←--代金一部弁済--→ C

③詐欺を理由とする取消しの意思表示

とを理由としてそれに代わる金額の償還を請求しうるのみである。」（A～Cの立場は**ケース**と同様）と記載されていますが，上記**2**及び**3**の論点には言及されていません。論文等を含めて網羅的に調査する余裕はありませんでしたが，体系書，コンメンタール等で正面から論じられていないようであり，困難な論点です。このように適用すべき法規範の中身が体系書，コンメンタール等で正面から論じられていない隙間の論点である場合には，当該論点を更に検討してこれに関連する，既に確立している法規範の体系を把握・整理し，その体系の中に当該論点を位置付けます。そして，上記法規範の体系を分析・検討して，当該論点の検討に必要，かつ，有益な，関連する法規範を見いだし，その趣旨目的を把握し，立法者の価値判断・比較衡量を読み取って，隙間の論点の解決に有益な情報を収集し，柔軟に，かつ，幅広く考察して妥当な解釈をして事案の妥当な解決を導く必要があります。

　CがBの詐欺につき善意の第三者である以上，本件土地についてのAB間の売買契約は，Aが詐欺を理由とする取消しの意思表示をして取り消しても，Cとの関係では相対的に有効であり，したがって，BC間の売買契約に基づくBの本件土地の引渡債務は履行不能にならないと考えられます。AがCに対しBC間の売買契約に基づくBのCに対する残代金支払請求権を代位行使する請求をしているのも，そのことを前提にしているものと考えられます。Cは，AのBに対する不法行為による損害賠償請求権を被保全債権とするBC間の本件土地の売買契約に基づくBのCに対する残代金支払

図2：論点の検討のための図解

```
┌─────────────────────────────────────────────┐
│ ① AはCに対し詐欺を理由とする意思表示の取消しを │
│   対抗することができない                      │
├─────────────────────────────────────────────┤
│ ② Cの権利利益を保全するに必要な限度で，BのCに │
│   対する債務は履行不能にならない              │
└─────────────────────────────────────────────┘
                      ↓
┌─────────────────────────────────────────────┐
│ 上記①及び②を踏まえ，AとCとの間の法律関係はどの │
│ ように調整すべきか                            │
└─────────────────────────────────────────────┘
                      ↓
┌─────────────────────────────────────────────┐
│ 上記①によりAB間の売買契約はCとの関係では相対的に│
│ 有効となるが，その法的意義は何か              │
└─────────────────────────────────────────────┘
                      ↓
┌─────────────────────────────────────────────┐
│ Cは，自己の権利利益を保全するために同時履行の抗弁権│
│ を行使することができるか。また，Aに対してどのような│
│ 請求をすることができるか                      │
└─────────────────────────────────────────────┘
```

請求権を代位行使する請求に対し同時履行の抗弁権を主張することができると解されますし，自己の権利利益を保全するために本件土地についてのAB間の売買契約に基づいてBがAに対して有していた権利を自己の名で行使することができると解するのが相当です。AB間の売買契約に基づいてBがAに対して有していた権利は，BのAに対する代金支払債務の履行と引換えに本件土地の引渡しを請求することができるというものですから，Cは，AB間の売買契約に基づくBのAに対する代金支払債務を履行すれば，これと引換えに，Aから本件土地の引渡しを受けることができるものと解するのが相当です。AB間の売買契約はAにより詐欺を理由として取り消されていますが，AはCに対し詐欺による取消しを対抗することができませんから，Cは，善意の第三者として保護されるべき固有の利益に基づき，AB間の売買契約に基づくBのAに対する代金支払債務をAに対して履行すれば，これと引換えに，Aから本件土地の引渡しを受けることができるものと解するのが相当であり，同時履行の抗弁権の行使にとどまらず，Aに対して自らの名において請求することができると解するのが相当です。法

図3：Cの同時履行の抗弁権とAに対する請求

[Cの同時履行の抗弁権]
Cの権利利益を保全するに必要な限度で，BのCに対する債務が履行不能にならない以上，Cは，Aの請求に対し，自己の権利利益を保全するために同時履行の抗弁権を行使することができる

[CのAに対する請求]
Cは，自己の権利利益を保全するために他人（B）のAに対する権利を行使することができると解するのが相当である

債権者代位訴訟の転用が考えられる

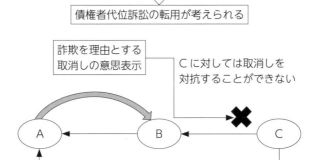

 律構成としては，民法423条の類推適用により，Bに代位して上記のとおりAに対し本件土地の引渡しを請求することができるものと解するのが相当です。本件土地についてのAB間の売買契約がCとの関係では相対的に有効である以上，上記のように解さないと，民法96条3項の趣旨が損なわれることになるからです。

 もっとも，周知のとおり，民法423条による債権者代位訴訟を転用する類型があることについては判例学説がこれを肯定していますが，上記のような場合について同条による債権者代位訴訟を転用することを明示的に認めているものはまだありません。また，転用類型ではなく，そもそも同条による債権者代位訴訟について，最高裁昭和54年3月16日第二小法廷判決（民集

33巻2号270頁）は，「債権者代位訴訟における原告は，その債務者に対する自己の債権を保全するため債務者の第三債務者に対する権利について管理権を取得し，その管理権の行使として債務者に代わり自己の名において債務者に属する権利を行使するものであるから，その地位はあたかも債務者になり代わるものであって，債務者自身が原告になった場合と同様の地位を有するに至るものというべく，したがって，被告となった第三債務者は，債務者がみずから原告になった場合に比べて，より不利益な地位に立たされることがないとともに，原告となった債権者もまた，その債務者が現に有する法律上の地位に比べて，より有利な地位を享受しうるものではないといわなければならない。」と判示しています。殊に後者は，民法423条の類推適用によりBに代位して上記のとおりAに対し本件土地の引渡しを請求することができると解する上で乗り越えなければならない壁です。

　そこで，この点をどう考えるべきかですが，CがBの詐欺につき善意の第三者である以上，本件土地についてのAB間の売買契約は，Aが詐欺を理由とする取消しの意思表示をして取り消しても，Cとの関係では相対的に有効です。このように，Cは，Bが詐欺を理由とする取消しにより遡及的に失ったAB間の売買契約上の買主の地位を，Cとの関係ではなおBが有することを主張することができる地位にあるのであり，Cの債務者であるBがもはや有しない特別の地位を有するわけですから，上記第二小法廷判決が「その地位はあたかも債務者になり代わるものであって，債務者自身が原告になった場合と同様の地位を有するに至るものというべく，したがって，被告となった第三債務者は，債務者がみずから原告になった場合に比べて，より不利益な地位に立たされることがないとともに，原告となった債権者もまた，その債務者が現に有する法律上の地位に比べて，より有利な地位を享受しうるものではないといわなければならない。」と判示する前提とは異なる特別の地位にあると言うべきです。そうすると，上記第二小法廷判決の法理を適用する前提を欠くものと考えられ，自己の権利利益を保全するためにBがAに対して有していたが遡及的に失った権利を自己の名で行使することができると解するのが相当です。もっとも，このように解することができるかどうかについては，今後なお検討を要するところです。

Ａの請求のうち，Ｃに対し，Ｂに対する不法行為による損害賠償請求権を被保全債権とし，ＢＣ間の本件土地の売買契約に基づくＢのＣに対する残代金支払請求権を代位行使する請求に対しては，Ｃは，本件土地の引渡しと同時履行の関係にあるとして同時履行の抗弁権を主張することができると考えられます。

　また，前記のとおり，Ｃは，善意の第三者として保護されるべき固有の利益に基づき，ＡＢ間の売買契約に基づくＢのＡに対する代金支払債務をＡに対して履行すれば，これと引換えに，Ａから本件土地の引渡しを受けることができるものと解するのが相当であり，Ａに対して自らの名において請求することができると解するのが相当です。

5 　Ａの訴訟代理人弁護士としては，裁判所が自ら，柔軟に，かつ，幅広く考察して妥当な解釈をして事案の妥当な解決を導いてくれるなどと身勝手に期待することなく，自己の責任において，論点を更に十分検討し，関連する，既に確立している法規範の体系を把握・整理し，その体系の中に当該論点を位置付け，上記法規範の体系を分析・検討して，当該論点の検討に必要，かつ，有益な，関連する法規範を見いだし，その趣旨目的を把握し，立法者の価値判断・比較衡量を読み取って，隙間の論点の解決に有益な情報を収集し，柔軟に，かつ，幅広く考察して妥当な解釈をして正しい法規範を設定し，説得力ある主張で裁判所を説得する必要があります。勝つべき当事者に勝たせる責任は，訴訟代理人弁護士が自ら果たさなければなりません。

6 　これを実践するには，前記のとおり，まず，図を描いて考えることが効果的です。思考過程を目に見える形にすることで，自分の考えを客観的に検討し，考えを広め，深めることができるからです（久恒啓一『図で考える人は仕事ができる』〔日本経済新聞社，2002年〕参照）。大切なことは，自問自答を繰り返し，自分の言葉で考えて，書き出してみることです。これを継続することによって実務で役立つ，考える力が培われます。守秘義務に違反することがあってはなりませんが，真剣に考えてくれる仲間を見つけて議論をすることも有益です。ホワイトボードに事実関係の骨子やポイントを書き出し，事案を図示して意見交換をしながら，共通の認識を持つようにします。関連する法律上の問題点を図解しながら意見交換をして，その事件で

法的に解決すべき問題が何かを検討し，抽出します。その時点で考えられる判断枠組みを図解し，更に調査検討すべき点を明らかにします。調査検討の後，更に議論をして問題を解決するようにします。

まとめ

　適用すべき法規範の中身が体系書，コンメンタール等で論じられていない隙間の論点である場合には，観点を変えて，柔軟に，かつ，幅広く考察して妥当な解釈をして事案の妥当な解決を導く必要がある。

　ケースで，Cは，善意の第三者として保護されるから，その固有の利益に基づき，AB間の売買契約に基づくBのAに対する代金支払債務を履行すれば，これと引換えに，Aから本件土地の引渡しを受けることができるものと解するのが相当であり，法律構成としては，民法423条の類推適用により，Bに代位して上記のとおりAに対し本件土地の引渡しを請求することができるものと解するのが相当である。

　Aの請求のうち，Cに対し，Bに対する不法行為による損害賠償請求権を被保全債権とし，BC間の本件土地の売買契約に基づくBのCに対する残代金支払請求権を代位行使する請求に対しては，Cは，本件土地の引渡しと同時履行の関係にあるとして同時履行の抗弁権を主張することができると考えられる。

実践的ケース 5-2 判例学説の隙間の論点を解決するのに必要な方法は何か（その2）

危険物であることを告知しないで混載便の陸上運送に託した運送品が発熱，燃焼したことにより発生した損害の賠償をめぐる紛争

Summary

　危険物であることを告知しないで混載便の陸上運送に託した運送品が発熱，燃焼したことにより発生した損害の賠償をめぐる紛争については，客観的には危険物に相当する物が運送品として託されることになる陸上運送の混載便の安全の確保にかかわる問題であり，いわば群集に匹敵するような一種の運命共同体において事故発生の結果を回避するためには，あらかじめだれがどういう役割を果たさなければならないかという視点を持つことが，安全を確保するためには必要なことである。この視点に立って，私法以外の法制上，また，取引慣行上，このような場面ないし関連する場面において荷送人がどのようなルールを遵守すべきこととされているかを見ることが必要かつ有益である。

Introduction

　法的に解決すべき新たな問題を包含する事件に取り組む際にはどのように検討，考察すればよいでしょうか。このような事件こそ法曹にとって取り組みがいがありますが，検討，考察は決して容易なことではありません。比較的馴染みやすい内容の**ケース**を用意しましたので，この**ケース**に即して検討の仕方，考察の仕方を考えてみましょう。

ケース

1　化学製品の販売を業とするＢ社は，取引先Ｃ社から化学製品αの注文を受け，メーカーから容器に収納したαを購入し，これをＣ社に送付するため，Ａ社の陸上運送の混載便に託した（以下，Ｂ社がＡ社の陸上運送の混載便に託した，容器に収納した化学製品αを「本件運送品」という）。αを構成する化学物質は，高い室温，強い振動等の条件が重なると発熱し，燃焼する性質があって，客観的には危険物に相当するものであったが，Ｂ社はメーカーからそのことを告知されていなかった。Ｂ社は，以前もＡ社の陸上運送の混載便に託して容器に収納したαを送付したことが複数回あり，これまで事故が発生したことはなかったので，今回もＡ社に対しその旨の表示をしないで通常の運送品として託した。
　Ａ社がトラックの混載便で他の運送品とともに本件運送品を運搬中，本件運送品が発熱し，燃焼したため，他の運送品も損傷し，Ａ社のトラックも損傷した。

2　Ａ社及び他の運送品の荷送人Ｄらは，Ｂ社に対し，上記のとおり受けた損傷について損害賠償を請求することができるか。損害賠償を請求することができるとして，どのような法律構成によるべきか。

　※なお，αを構成する化学物質及びその特性は，ケースを作成する都合上創作したものであって，実在するものではないことに注意されたい。

解説

1 本件運送品（化学製品a）は、化学製品で、これを構成する化学物質は高い室温、強い振動等の条件が重なると発熱し、燃焼する性質があって、客観的には危険物に相当するものであったという想定ですが、B社は、メーカーからaを購入する際、その情報を告知されていなかったため、危険物に相当するという認識はなく、取引先C社に送付するためaをA社の陸上運送の混載便に託すにあたって、A社に本件運送品が危険物であることは告知しませんでした。この事実関係を図示すると**図1**のようになり、検討すべき論点を図解すると**図2-1**及び**図2-2**のようになります。

2 **ケース**では、aは化学製品で、これを構成する化学物質が高い室温、強い振動等の条件が重なると発熱し、燃焼する性質があって、客観的には危険物に相当するものであったという事実が、A社が行う本件運送品の陸上運送の安全を確保するためには重要な情報でした。しかし、この重要な情報はメーカーからB社に告知されておらず、そのため、荷送人B社は運送人A社に当該情報を告知しませんでした。このような事実関係の下で、A社がトラックの陸上運送の混載便で他の運送品とともに本件運送品を運搬中、本件運送品が発熱し、燃焼したため、他の運送品も損傷し、A社のトラックも損傷しました。B社の損害賠償責任についてはどのように考えたらよいでしょうか。

本件運送品の運送契約上、荷送人B社が運送人A社に対して本件運送品に係る上記情報を提供すべき義務を負うかどうかについて、メーカーと荷送人B社とを分離して別々にとらえるならば（**図2-1**参照）、①上記の情報がメーカーからB社に告知されていなかったこと、②B社は、以前もA社の陸上運送の混載便に託して容器に収納したaを送付したことが複数回あり、これまで事故が発生したことはなかったことから、B社がA社に対し上記の情報を告知せずに通常の運送品として託したことに過失はないとして、B社の責任を否定する見解につながることになるでしょう。しかし、本件運送品の運送契約上、荷送人B社が運送人A社に対して本件運送品に係る上記情報を提供すべき義務を負うかどうかについて、メーカーと荷送人B社と

図1：ケースの事実関係

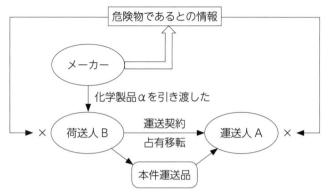

※A・Bには危険物であるとの情報は告知されなかった

を分離して別々にとらえることが相当であるかどうかこそ、ここで検討すべき問題です。事は、客観的には危険物に相当する物が運送品として託されることになる陸上運送の混載便の安全の確保にかかわる問題であり、いわば群集に匹敵する一種の運命共同体において事故発生の結果を回避するためには、あらかじめだれがどういう役割を果たさなければならないかという視点を持つことが、安全を確保するためには必要なことなのです。

　運送契約締結にあたり本件運送品に係る上記情報をメーカーから入手することが可能であり、かつ、入手すべき立場にあるのは荷送人Ｂ社です。これに対し、運送人Ａ社は、陸上運送の混載便の運送の安全を確保するために、荷送人Ｂ社から本件運送品に係る上記情報の告知を受ける必要があります（**図2-2**参照）。このことに基づいて考えれば、陸上運送の混載便の安全を確保するには、荷送人Ｂ社は運送契約に基づき運送品が危険物に当たるかどうかを調査確認し、危険物に当たる場合には運送人Ａ社に対してその旨を告知すべき義務を負うと解するのが相当です。

　なお、メーカーは別途Ａ社に対し不法行為による損害賠償責任を負うことになりますが、そのことにより荷送人Ｂ社が運送人Ａ社に対して運送契約上本件運送品に係る上記情報を提供すべき義務を負うかどうかの判断が左右されるものではありません。

図2-1：検討すべき論点の図解（その1）

> 本件運送品の運送契約に基づき荷送人Bが運送人Aに対して本件運送品に係る危険物であるとの情報を提供すべき義務を負うかどうかについて，メーカーと荷送人Bとを別々のものとして分離してとらえる図解は図2-1のとおりである。荷送人Bが運送人Aに対して果たすべき上記義務について運送人Aとの関係ではメーカーを荷送人Bと一体のものととらえる図解を図2-2に示したので対比されたい。

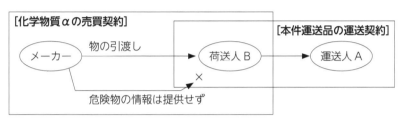

※　図2-1のようにとらえると，荷送人Bはメーカーから提供されていた情報に基づいて運送人Aに対して情報を告知するかどうかを判断すればよいという判断に導かれやすい。

図2-2：検討すべき論点の図解（その2）

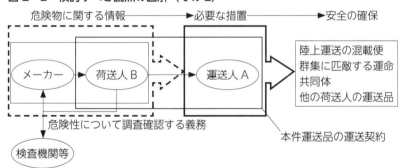

※1　図2-2のようにとらえると，荷送人Bが運送人Aに対して果たすべき上記義務について運送人Aとの関係ではメーカーを荷送人Bと一体のものととらえるという判断につながる。

※2　図2-1と図2-2とを見比べると，本件運送品の運送契約に基づき荷送人Bが運送人Aに対して本件運送品に係る上記情報を提供すべき義務を負うかどうかについて，メーカーと荷送人Bとを別々のものとして分離してとらえるのか，それとも荷送人Bが運送人Aに対して果たすべき上記義務について運送人Aとの関係ではメーカーを荷送人Bと一体のものととらえるのかは，運送契約に基づく運送の安全の確保，殊に混載便の特質をどう考えるかによって異なってくることが分かる。大切なことは，始めから図2-1の場合であると決めてかからずに，図2-2も考え，両者を比較対照して検討することである。

図3：検討する方向の図解

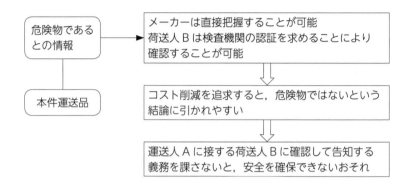

3 ケースで問われている問題に取り組むには，私法以外の法制上，また，取引慣行上，上記のような場合に荷送人がどのようなルールを遵守すべきこととされているかを見るのが，問題を検討する上で大切なことです。

危険物を国内で運搬する場合には，消防法16条に基づく運搬の基準を遵守する必要があります。同法2条7項は，別表第1の品名欄に掲げる物品で，同表に定める区分に応じ同表の性質欄に掲げる性状を有するものを危険物というと規定し，同法16条は「危険物の運搬は，その容器，積載方法及び運搬方法について政令で定める技術上の基準に従ってこれをしなければならない。」と規定しています。同条を受け，危険物の規制に関する政令（昭和34年政令第306号）28条は危険物を運搬するための容器の技術上の基準について定め，29条は積載方法の技術上の基準について定め，30条は運搬方法について定めています。これらを受け，危険物の規制に関する規則（昭和34年総理府令第55号），危険物の規制に関する技術上の基準の細目を定める告示（昭和49年自治省告示第99号）が，運搬容器の基準，積載方法の基準及び運搬方法の基準等を定めています。これらは取締法規ではありますが，消防法は，災害を予防し，警戒し及び鎮圧し，国民の生命，身体及び財産を

火災から保護することを目的のうちに掲げており（1条），国民の生命，身体及び財産を保護するために運送の安全を確保することを趣旨目的としているものと考えられ，上記目的を達成するために運送人に運送品が危険物に当たるかどうかを調査確認し，運送品が危険物に当たる場合には上記の基準に従って運搬することを義務付けているものと考えられます。運送人が消防法及び下位法令の上記の法規制を遵守するには，荷送人が運送人に対して運送品が危険物に当たることを告知する必要がありますから，運送品が危険物に当たるかどうかを調査確認して危険物に当たる場合には運送人に対してその旨を告知すべき義務を荷送人が負うかどうかを考える上で，消防法及び下位法令の上記の法規制の趣旨目的のほか，その規制内容は考慮されてしかるべきであると考えられます。

　次に，標準貨物自動車運送約款（平成2年運輸省告示第575号）15条は，「荷送人は，爆発，発火その他運送上の危険を生ずるおそれのある貨物については，あらかじめ，その旨を当店に明告し，かつ，これらの事項を当該貨物の外部の見やすい箇所に明記しなければなりません。」と定めています。ここには運送を託す荷送人に運送上の危険を生ずるおそれのある貨物の特性を明告すべき義務を課して運送の安全を確保しようとする思想が表れています。**ケース**ではB社はメーカーから危険物であることを知らされていなかったと言うのですから，上記約款のこの定めは，これだけで**ケース**を解決する決め手になるわけではありませんが，消防法及び下位法令の上記の法規制の趣旨目的及びその規制内容と併せ考慮すれば，B社が運送契約に基づき，運送品が危険物に当たるかどうかを調査確認して危険物に当たる場合にはA社に対してその旨を告知すべき義務を負うと解する根拠の1つになると考えられます。

　なお，実際には，陸上運送の混載便では**ケース**のような事故による訴訟はこれまで提起されていないようです。

4　国際海上物品運送において運送品が危険物として取り扱われなかったために船舶及び他の運送品に生じた損害を賠償する責任を負うかどうかが争われた事件があります。この事件は，地中海の公海上を航行中のコンテナ船の船倉内において，高熱及び発煙を伴う事故が発生し，これに対応す

るため船倉内への散水，注水等の措置がとられた結果，船体及び積荷に熱損傷，水濡れ等の損害が発生したことについて，コンテナ船の裸傭船者，貨物の荷送人又は荷受人との間で貨物海上保険契約を締結していた損害保険会社等が，上記船倉内に積載されていた化学物質（PSR‐80 及び NA‐125）の荷送人に対し，同化学物質が危険物であったにもかかわらず，荷送人が危険物の荷送人としての危険物分類義務，危険物である旨の表示義務等の注意義務を怠った過失により，同化学物質を積載したコンテナが運送人によって船倉内の熱源に近い場所に積み付けられ，蓄熱により同化学物質が急激な熱分解反応を起こして本件事故に至ったと主張して，不法行為に基づく損害賠償を請求する事案です。

　この事案は，国際海上物品運送を行うコンテナ船の安全の確保にかかわる問題であり，判断枠組みも国際基準にかなったものが求められるなど，重要度は**ケース**よりも数段上のものですが，一種の運命共同体において事故発生の結果を回避するためには，あらかじめだれがどういう役割を果たさなければならないかという視点が必要であることは共通します。コンテナ船に積載するコンテナ貨物は，荷送人が危険物であると申告しない限り運送人は内容物を十分把握することができないため，危険物に見合った取扱いがされずに船倉内で高熱及び発煙を伴う事故が発生したり火災が発生したりすることがあります。この事件の核心は，危険物をその旨の表示をしないで運送品として国際海上物品運送に託した荷送人が，危険物として取り扱われなかったために船舶及び他の運送品に生じた損害を賠償する責任を負うかどうかにあります。

　上記事件についての判決は，この類型の事故に関する我が国での初めての判断です（増田史子「判批」商事法務 2045 号〔2014 年〕133 頁以下〔136 頁〕）。この事件の準拠法は日本法であると解されたため，まず，失火責任法の適用の有無が問題になり，次に，危険物に該当するおそれのある貨物の荷送人の注意義務及び予見可能性についてどのように考えるべきかが問題になります（箱井崇史「判批」判評 658 号〔判時 2199 号，2013 年〕153 頁〜155 頁参照）。

　これらの点について 1 審の東京地裁と控訴審の東京高裁とで考え方も結論

も対照的に分かれました。控訴審の東京高裁平成25年2月28日判決（判時2181号3頁）は，国際海上物品運送をする船舶並びにその人員及び貨物等の安全を確保するにはどのような措置が必要であるか，その措置は国際的に広く承認されているものであるかという観点から検討し，1974年の海上における人命の安全のための国際条約（SOLAS条約）及びこれに規定する国際海上危険物規程（以下「IMDGコード」という）を基本とし，これに準拠するものとして危険物船舶運送及び貯蔵規則（平成16年国土交通省令第51号による改正後のもの。以下「危規則」という）並びに船舶による危険物の運送基準を定める告示（平成15年国土交通省告示第1616号による改正後のもの。以下「危告示」という）が定められ，改正されているという経過を踏まえ，危険物の1つである可燃性物質類の国際海上運送を行う船舶並びにその人員及び貨物等の安全確保を図るために，国際海上運送を行う運送業者に危険物の1つである可燃性物質類に該当する物質を貨物として引き渡す荷送人には，IMDGコード並びにこれに準拠する危規則及び危告示に従い，当該物質が可燃性物質類に該当するかどうかを正確に振り分け，国連勧告基準により当該物質を分類しこれを正しく表示すべき義務が課されていると判断し，この義務を遵守したと言えるかどうかが，当該貨物が積載された船舶内で当該貨物が原因となって当該船舶並びにその人員及び他の貨物等が損傷する事故が発生した場合に，荷送人に不法行為法上の過失があったかどうかの判断の根幹となる注意義務の内容を構成すると判断しました。この判決は，体系書などでほとんど論じられていない論点を扱うものとして理論上も実務上も重要な意義を有していると評されています（箱井・前掲151頁）。

最高裁平成5年3月25日第一小法廷判決（民集47巻4号3079頁）は，リベリア船籍の貨物船がインド洋を航行中，国際海上物品運送の運送品とされて下部船倉に積み付けられていた危険物（高度さらし粉）が荒天などの影響により他の物質と接触して発火し，二酸化炭素の注入によりいったん鎮静化したものの，避難した港内で爆発的な燃焼を起こして船体が損傷し，積荷にも被害が生じた事故に関し，定期傭船契約を締結して海上物品運送を行っていた運送業者が，高度さらし粉の製造業者及び販売業者に対し，港湾運送業者及び船舶運航業者に対して運送及び保管につき指示警告し，危険性を知

らせるべき業務上の注意義務があるのにこれを怠ったとして不法行為による損害賠償請求をした事案において，上記船舶の積荷監督が本件高度さらし粉の積み付けの際に荷送人の代理人から「当該貨物（晒粉）は有機還元剤（油，カーボン，硫黄など）に接触させてはならない。」旨が記載されている危険物・有害物事前連絡表の交付を受け，運送業者の船舶代理店からもさらし粉に関する注意として「強力な酸化剤。可燃性物質と接触すると急激な燃焼が起こる。」旨の注意事項が記載されている化学辞典の頁の写しの交付を受けていたこと，そこで，積荷監督は，本件高度さらし粉の積み付け当時，当該運送品が高度さらし粉であること及び酸化剤である本件高度さらし粉が発火の危険性を有することは認識していたが，科学的知識がなく，高度さらし粉を船積みした経験もなかったため，他の原因で火災が生じ加熱されたときに危険があるものと理解して，水や火のない場所に積み付ける必要を感じたにとどまったこと，上記船舶内には国際危険物海上運送規則（イムココード）及び英国の危険物船舶運送取扱要領青本（ブルーブック）が備え付けられていたこと，上記製造業者は，原則として，工場からの出荷の段階で，高度さらし粉缶に危険物であることを標示するものとして，①製品ラベル，②「水とあって危険」との日本語及び英語の注意ラベル，③「火気，熱，酸，グリース類，油，ボロ布，及びその他の可燃物と直接接触させないで下さい。」との日本語の注意ラベル等を貼付することとし，上記①〜③の各危険物標示ラベルが貼付されていない場合には，高度さらし粉缶の保管を担当していた荷送人の代理人において，これを補充して貼付するシステムが採られていたことなどの原審確定事実（原審は，本件高度さらし粉の鋼製ドラム缶に上記①〜③の各危険物標示ラベルが貼付されていなかったとの事実を確定しておらず，上記原審確定事実に基づいて考えれば，本件高度さらし粉の鋼製ドラム缶に上記①〜③の各危険物標示ラベルが貼付されていた事実を推認ないし認定することができたものと考えられる）を踏まえ，海上物品運送業者が，危険物であることを知って運送品を運送する場合において，通常尽くすべき調査により，その危険性の内容，程度及び運搬，保管方法等の取扱上の注意事項を知り得るときは，当該危険物の製造業者及び販売業者は，海上物品運送業者に対し，上記の危険性の内容等を告知する義務を負わないと判示して

当該危険物の製造業者及び販売業者の責任を否定しています。上記原審確定事実及び記録上明らかな事実(上記のとおり推認することができる事実)によれば，前記の東京高裁判決が説示した判断(IMDG コード並びにこれに準拠する危規則及び危告示に従い，当該物質が可燃性物質類に該当するかどうかを正確に振り分け，国連勧告基準により当該物質を分類しこれを正しく表示すべき義務が課されていると判断し，この義務を遵守したと言えるかどうかが，当該貨物が積載された船舶内で当該貨物が原因となって当該船舶並びにその人員及び他の貨物等が損傷する事故が発生した場合に，荷送人に不法行為法上の過失があったかどうかの判断の根幹となる注意義務の内容を構成するという判断)を採りこの立場に立って考えれば，荷送人は上記義務を果たしており，したがって，荷送人についても当該危険物の製造業者及び販売業者についても責任を否定することになる事案であったと言うことができます。したがって，前記の東京高裁判決はこの第一小法廷判決に抵触するものではないと考えられます。前記の東京高裁判決が説示した判断に沿って整理してみると，この第一小法廷判決は危険物の荷送人が上記の注意義務を果たしていた事案について別の観点から(別の理由で)判断したものと位置付けることができるのであり，前記の東京高裁判決は危険物の荷送人が上記の注意義務を果たしていなかった事案について判断したものであると言うことができます。

5 ケースや上記事件の法的に解決すべき問題を，関連する法規範，視点等の集合体の中に位置付け，俯瞰して全体の構造をとらえてみましょう(実践的ケース2-1参照)。この観点から，商法改正の動向，その影響等を観測してみたいと思います。

法制審議会商法部会は，平成28年1月27日，商法(運送・海商関係)等の改正に関する要綱案を決定しました。この要綱案には，危険物に関する通知義務について，「ア　荷送人は，運送品が引火性，爆発性その他の危険性を有する物品であるときは，その引渡しの前に，運送人に対し，その旨及び当該物品の品名，性質その他の当該物品の安全な運送に必要な情報を通知しなければならないものとする。」「イ　荷送人がアに規定する義務に違反したときは，運送人は，これによって生じた損害の賠償を請求することができる。

ただし，その違反が荷送人の責めに帰することができない事由によるものであるときは，この限りでない。」とする規律を設けることが含まれています。法制審議会総会は，同年2月12日，商法改正要綱を全会一致で採択したと報じられています。

　同年10月18日，この商法改正要綱に基づいて商法及び国際海上物品運送法の一部を改正する法律案が閣議決定され，国会に提出されました。この法律案によると，危険物に関する通知義務については，改正後の商法572条（危険物に関する通知義務）において「荷送人は，運送品が引火性，爆発性その他の危険性を有するものであるときは，その引渡しの前に，運送人に対し，その旨及び当該運送品の品名，性質その他の当該運送品の安全な運送に必要な情報を通知しなければならない。」と規定することとされています。同条は，改正後の商法第2編第8章の第2節「物品運送」における物品運送契約に関する規定の一環として置かれていますから，同条が規定する荷送人の危険物に関する通知義務は物品運送契約に基づく荷送人の運送人に対する債務を構成するものとして位置付けられていると解するのが相当です。したがって，荷送人が上記義務に違反したときは，民法の原則により，運送人に対して債務不履行責任を負うものと解するのが相当です。要綱案に挙がっていた「イ　荷送人がアに規定する義務に違反したときは，運送人は，これによって生じた損害の賠償を請求することができる。ただし，その違反が荷送人の責めに帰することができない事由によるものであるときは，この限りでない。」とする旨の規定は，上記法律案では設けられていませんが，法律案を作成する段階で，荷送人が上記義務に違反したときは，民法の原則により運送人に対して債務不履行責任を負うことになることから，要綱案に挙がっていた規定を設けるまでもないと判断されたものと考えられます。もとより，上記法律案がこのまま可決成立するかどうかは，国会の判断にかかっていますから，今後行われる国会の審議を注視しなければならず，それを踏まえて立案担当者がすることになるであろう改正法の解説を見なければならないところです。仮に上記法律案が国会で審議されても上記の点について特段の修正なく可決成立する運びとなった暁には，仮説として述べた上記のような解釈が採られることになると思われますから，いずれ民法上の債務不履行責任

や不法行為による損害賠償責任も大きな影響を受けることになると予想されます。まず，運送契約上の債務として荷送人に危険物に関する通知義務を課す以上，債務不履行責任に関する明文の規定が設けられなくても，解釈上，上記のように，荷送人が通知義務に違反した場合には債務不履行責任を負うことになると解するのが相当であり，そうであるとすれば，荷送人が運送人との間で直接の契約関係に立たなくても不法行為による損害賠償責任を負うという判断につながるのであり，これを支えることになると考えられます。また，荷送人が運送品の運送の安全にかかわる情報を入手して運送人に告げなければ運送の安全を確保することができないという構造は，運送品の運送だけでなく，より広く，物品の管理を委託する者が受託者に物品の管理の安全にかかわる情報を告げなければ物品の管理の安全を確保することができない場合にも当てはまりますし，さらには，危険性を有する物品について危険性に対処する実効のある管理がされなかったために生じた事故について，当該物品の管理に必要な情報を入手することができ，かつ，そのことを告知することが可能な立場にある者が物品を現に管理する者に対して上記の情報を提供することを怠った場合にその者の不法行為による損害賠償責任を考える上で見逃すことができない重要な契機となると考えられます。

　我が国の民法においては，717条が土地の工作物等の占有者及び所有者の責任について無過失責任としてこれを規定していますが，同条１項が「土地の工作物の設置又は保存に瑕疵があることによって他人に損害を生じたとき」と規定しているために，同項の適用範囲を解釈により拡張することにはおのずと限界がありました。しかし，上記のとおり，商法改正を契機に，今後の法解釈の努力いかんによっては，危険性を有する物品について危険性に対処する実効のある管理がされなかったために生じた事故について，当該物品の管理に必要な情報を入手することができ，かつ，そのことを告知することが可能な立場にある者が物品を現に管理する者に対して上記の情報を提供することを怠った場合にその者の不法行為による損害賠償責任を肯定することになる可能性があります。

　外国の法制を見ると，フランス民法1384条は不法行為による損害賠償責任を規定しています。フランス破毀院の判例は，ボンベ等の破裂，爆発事故

について，ボンベ等の運搬等の取扱方法に起因する事故と当該物の内部構造に起因する事故とを区別し，製造者は，当該物が物理的な支配下から離れても，当該物の内部構造については依然として管理をしているとして，無生物責任ないし物の保管者の責任を負うという法理を示しています（フランス民法1384条の無生物責任ないし物の保管者の責任については，新関輝夫「フランス法における無生物責任法理について——過失責任主義の修正原理の研究のために」私法43号〔1981年〕260頁以下及び引用されている文献，小林秀之責任編集・東京海上研究所編『新製造物責任法大系Ⅰ〔海外篇〕』〔弘文堂，1998年〕449頁以下〔生田美弥子〕等参照）。お気づきのとおり，これは製造物責任の法制とも関係する問題です。我が国の製造物責任法2条2項は「この法律において『欠陥』とは，当該製造物の特性，その通常予見される使用形態，その製造業者等が当該製造物を引き渡した時期その他の当該製造物に係る事情を考慮して，当該製造物が通常有すべき安全性を欠いていることをいう。」と規定し，同法3条本文は「製造業者等は，その製造，加工，輸入……をした製造物であって，その引き渡したものの欠陥により他人の生命，身体又は財産を侵害したときは，これによって生じた損害を賠償する責めに任ずる」と規定しています。

　以上，商法及び国際海上物品運送法の一部を改正する法律案が国会で審議されて可決成立し，商法改正が実現する運びとなった暁には，我が国の民法及び製造物責任法の解釈にも少なからぬ影響を及ぼす可能性があり，フランス民法1384条の無生物責任ないし物の保管者の責任と法意を同じくする考え方，さらにはこれを拡張する考え方にもつながる可能性があります。

6　ケースで取り上げた問題，さらには前記事件の法的に解決すべき問題のような，従前の判例学説では検討の課題として正面から取り上げられておらず，それゆえにほとんど掘り下げて論じられていない法的に解決すべき新たな問題を包含する紛争に取り組む場合には，法律実務家が紛争解決のために道を切り開いて新たな法規範の創造につなげなければなりません。こういう場合には，訴訟代理人弁護士は，最終的には最高裁判所の判例形成につながるように，道を切り開かなければならないのです。

まとめ

　従前の判例学説では検討の課題として取り上げられておらず，それゆえにほとんど論じられていない法的に解決すべき新たな問題を包含する紛争に取り組む場合には，法律実務家が紛争解決のために道を切り開いて新たな法規範の創造につなげなければならない。訴訟代理人弁護士は，最終的には最高裁判所の判例形成につながるように，困難な道を切り開いていかなければならない。問題の分析のステップの段階で安易に検討の幅を狭めてしまうことなく，問題を的確にとらえ，法を広く深く検討することが肝要である。

　ケースの紛争については，客観的には危険物に相当する物が運送品として託されることになる陸上運送の混載便の安全の確保にかかわる問題であり，いわば群集に匹敵する一種の運命共同体において事故発生の結果を回避するためには，あらかじめだれがどういう役割を果たさなければならないかという視点に立って，私法以外の法制上，また，取引慣行上，**ケース**のような場面ないし関連する場面において荷送人がどのようなルールを遵守すべきこととされているかを見て，広く，深く検討し，バランス感覚，方向感覚を駆使することが必要である。

　荷送人Ｂ社は運送契約に基づき運送品が危険物に当たるかどうかを調査確認し，危険物に当たる場合には運送人Ａ社に対してその旨を告知すべき義務を負うのにこれに違反したと言わざるを得ない。

　Ａ社及びＤらは，それぞれ債務不履行責任，不法行為責任を理由として，Ｂ社に対し損害賠償請求をすることができると解するのが相当である。

結びに代えて——創造力を高めるために

　事案の骨格をとらえて法的に解決すべき問題を把握し，これを解決する判断枠組みを検討するためにいくら調査を行っても，判例学説に行き当たらず，結局論点は判例学説がこれまで論じていない全く新たな問題であることが判明することがあります。このような場合には，どうしたらよいでしょうか。

　実践的ケース5-1及び同5-2では，法的に解決すべき問題が判例学説であまり論じられていない隙間の論点である場合を取り扱いました。これに対し，ここで創造力が必要な場合というのは，判例学説で論じられていないという点では隙間の論点の場合と共通しますが，全く新たな問題であるがゆえに従前の判例学説では検討の課題として取り上げられておらず，検討の手がかりとなるようなことも論じられていないため，法律実務家が困難な道を切り開いて新たな法規範の創造につなげなければならない場合のことです。こういう場合に慣れ親しんだ既存の判断枠組みで対処して判断してしまうと，未知の領域に潜む問題の新規性，重大性を看過してしまい，矮小化して的外れの判断をするに終わってしまいますから，その時はそれなりに適正な判断をした外観を生じたとしても，後世に歴史的審判を受けることを避けられないことになります。未知の領域に潜む問題の新規性，重大性に応じた適正妥当な判断をするには，既存の判断枠組みにとらわれず，発想を変え，視点を変えて更に幅広く，深く検討して新たな法規範を創造する力が必要です。訴訟代理人弁護士は，最終的には最高裁判所の判例形成につながるように，道を切り開かなければならない使命を負っているのです。

　新たな法規範の定立は立法府の権限なのではないか，裁判で行うとしてもそれは最高裁判所の専権に属するのではないかという疑問を抱く読者もおられることでしょう。国会が立法機関であることはそのとおりですが，立法がされていないときに，それを理由に裁判をしないということは許されませんから，実際には，具体的事案の適正妥当な解決をする目的を達成するのに必要かつ最小の限度で新たな法規範（裁判規範）を実質的には創造しています。その例として，最高裁平成20年6月4日大法廷判決（民集62巻6号1367

結びに代えて

頁）が，国籍法3条1項（平成20年法律第88号による改正前のもの。以下同じ）について，日本国民である父と日本国民でない母との間に出生した後に父から認知された子は，同項所定の国籍取得の要件のうち，日本国籍の取得に関して憲法14条1項に違反する区別を生じさせている部分，すなわち父母の婚姻により嫡出子たる身分を取得したという部分（準正要件）を除いた要件が満たされるときは，国籍法3条1項に基づいて日本国籍を取得する旨判示したことを挙げたいと思います。これは実質的には法改正を行ったものということができます。上記の意味での新たな法規範（裁判規範）を実質的に創造する機能を果たしているのは最高裁判所だけではなく，より限定的，謙抑的にではありますが，下級審の裁判所も同様の役割を果たしています。

　我が国における技術革新の急速な進展，経済のグローバル化の進行，社会の構造的な変化等により，まだ訴訟提起には至っていなくても法的に解決すべき新たな問題が次々と起こってきているものと考えられ，今後新たな問題はますます増加し，司法の担い手の課題も一層複雑困難化していくものと思われます。今後法曹は，これまで経験したことがない，新たな，複雑困難な課題にも取り組まなければならなくなると考えられます。既存の判断枠組みの中で解決しようとすれば，抜本的な問題解決にならない結果を招来します。これまでの対応の仕方，やり方を踏襲して現状の水準を維持し，あるいは若干向上させる程度では到底通用しないことになるおそれがあります。今後の課題の困難性，重大性に十分対応することができるだけの先見性を備え，柔軟，かつ，総合的に取り組むことが可能な方法，体制をこれからどのように創造し，構築していくのかについて，問題意識を持つだけでなく，また，課題を指摘するだけでなく，実際に真剣な検討をして具体的な方策を生み出さなければならない時期に既に至っていると考えます。司法が，その担い手が国民に鼎の軽重を問われる時代に入ったということでしょう。民事訴訟の担い手は，法規範を創造する力を一層高めて未来を切り開き，国民の信頼に応えていかなければなりません。

　まずは，1人ひとりの法律家が取組みを始めなければなりません。どのように取り組んで検討していくべきか，先達の言葉に耳を傾けましょう。中村治朗『裁判の世界を生きて』（判例時報社，1989年）383頁〜384頁及び

424 頁～ 425 頁は，問題の分析のステップの段階で安易に検討の幅を狭めてしまうことなく，問題を的確にとらえ，法を広く深く検討し，バランス感覚，方向感覚を駆使して決断する必要があることを指摘します。

「問題の分析のステップが一番難しいのであります。この分析によって問題点，あるいは解決のために必要な究明の方向が明らかになってくると，すでに事は半分成就したと言ってもよいくらいです。しかし，このような論点がなかなかはっきりと浮かび上がってこなくても，決して悲観することはありません。何か一つ関連のありそうな論点を拾い上げ，それを深く吟味，検討してゆき，かくしてある程度得られた材料でもう一度最初の問題を見直してみると，その論点が当初の問題との間にもっている関連性の程度がある程度明らかになり，同時に他の関連問題がその段階で姿を現してくるということが稀ではありません。問題について考えを深めるというのは，このような試行錯誤と行きつ戻りつの過程を繰り返すことにほかならないのです。そしてそのような行きつ戻りつの過程の中で，わたしたちの知識は，次第に蓄積されて豊かさを増し，同時に問題を見る眼も深まるのです。……このように，一つの具体的な問題から出発して考えを深めていくうちに，いろいろの関連論点が現われてき，それをさらに研究してゆくと，その論点がさらに他の関連論点を生むという具合に，わたしたちの関心領域は次第に広がって参ります。その意味では，思考の深さと広さとは相関関係に立っているのです。思考の深さを伴わない知識の広さは単なる物識りにすぎませんし，広く豊かな知識を背景としない思考の深まりは，しばしば視野の狭さによる独断と偏見や，バランスを失った評価，判断をもたらします。これは，裁判官にとって危険な陥し穴であります。と同時に，今言いました思考の深さと広さこそが，その裁判官のもつ本当の意味での法律的素養の程度を決定するのであります。」（中村・前掲 383 頁～ 384 頁）

「まず，第一の分析能力ということですが，この能力は，およそ論理的な，あるいは合理的な推論の過程を要求される場面においては常に第一次的に必要とされる能力であり，クラフトの面でも裁判官に必要なものでありますが，アートの面では更にこれが必要な能力ではないかと思います。というのは，裁判官の法的判断においてアートが要求される問題というのは，かなり漠然

とした形をとっていて，これに対する決定に到達するためにはどのようなアプローチをして行ったらよいのかが判然としない場合が少なくありません。しかし，よくよく考えて行くと，そこには，裁判官による法的判断のわく組みをなす既存の法規則や法原理，あるいはそれらのものの背後にある法価値というべきものとなんらかの形で関連性をもつと思われるものが幾つか存在しており，それらが複雑微妙な形で相互に関わりあっていることがわかってきます。それが当該問題の積極的決定に際して裁判官の考慮すべき前段階的問題群をなしているのでありまして，裁判官はまず，当該問題にはらまれているこのような問題群をかぎ出し，その性質及び内容と当該最終的な決定対象である問題との関連性を明確にしなければなりません。このような問題群の摘出過程の適正さのいかんにより，その後における推論や評価の幅と価値が左右され，それが最終的な結論の正しさを決定づける鍵ともなるのであります。その意味で，この第一段階における問題の析出の能力というべきものは，裁判官にとって不可欠のものではないかと思うのです。このような分析の作業というものは大変苦しい頭脳的作業でありまして，精神的怠惰，すなわち表面的な観察と印象だけで安易に問題を受けとめて事務的に処理するというような性癖は，裁判官にとって最大の敵であり，このことはいくら強調してもしすぎることはないと思うのであります。

　次に第二の，法を広く，かつ，深く見る眼ということですが，まず最初の分析段階において取り出してきた問題群に対して，次の段階では，それらの問題のそれぞれがもっている法的な意味合，すなわちそれがさまざまな法規則や法原理や法理論といわれるものの中でどのような位置と比重をもっているものなのか，それらの法規則，法原理等との関連性においてそこからどのような解決方向が示唆されるか，そのそれぞれの解決方向に矛盾，そごがあるかどうか，そのような矛盾，そごを解決する方法ないしその手掛りとなるようなものがあるか，そこからどのような解決が考えられるか，幾つかの解決が考えられるとすれば，どのような解決が最も適切なそれと考えられるか，その理由は何であり，それを明確な形で示すことができるか，といったような，最も重要で，かつ，困難な評価と選択の作業が始まるのです。この作業において要求されるものは，なんといってもこれらの関連要素に対する広い眼配

りと，そのそれぞれに対する深い理解，及び最後にそれらを突きあわせて最も適切な結論を模索する辛抱強い思考努力であろうと思います。そしてこの過程における裁判官の読みの広さと深さ，そしてそこから生ずる想像力の豊かさということこそが，窮極的にはその判断の質および価値を決定する大きな鍵をなすものであると思うのであります。」(中村・前掲424頁〜425頁)

　新たな法的に解決すべき問題について検討するにあたっては，中村・前掲が説くところを真摯に受け止め，問題を的確にとらえ，法を広く深く検討し，バランス感覚，方向感覚を駆使して決断する必要があります。上記に引用した分析作業は大変苦しい頭脳的作業であり，これを省略すれば楽ですし，法を広く深く検討し，バランス感覚，方向感覚を駆使して決断する必要もなくなりますから，仕事が簡単になって仕事の完了までの作業時間を大幅に短縮することができ，持ち時間が乏しいときは上記の分析作業を省略したくなる誘惑にかられますが，誘惑に打ち勝ち，粘り強く考えていくことが大切です。

[読むことが推奨される書籍]
○中村治朗『裁判の世界を生きて』(判例時報社，1989年)
○同『裁判の客観性をめぐって』(有斐閣，1970年)

索引

——八方ふさがりのような状況に陥ってしまったと感じるときに打開する手がかりを探すために

　若手弁護士は，仕事に追われる中で，人に聞きたいけれども聞きづらいと感じる悩みを抱いたり，なかなか乗り越えられないように感じる「壁」に行き当たったりするものです。若手弁護士が自分で悩みを解決し，あるいは「壁」を乗り越える手がかりやヒントを提供したいと思い，本書の索引として，そういう悩みや「壁」をいくつか書き出し，若手弁護士が自分で悩みを解決し，あるいは壁を乗り越える手がかりとなるようなもの，あるいは手がかりを探すヒントとなるようなものが記載されている箇所（項目又は頁）を掲記することにしました。本書の中に適当なものがないものについては，先達の金言を引用しました。通常の索引とは一風変わっていますが，若手弁護士が悩みを解決し，「壁」を乗り越える一助となれば幸いです。

1. 毎日仕事に追われて忙しい思いをしているばかりで，弁護士として着実に成長しているか不安なときは，どうしたらよいか。
　　→「はじめに」の「3」（5頁～6頁），「民事訴訟実務における実際の仕事の仕方」（8頁～11頁），実践的ケース1-3の解説の「5」（47頁～48頁）を参照。

2. 失敗を繰り返し，思いどおりにはなかなかうまくいかず，弁護士としてちゃんとやっていけるのか自信を持てないときは，どうしたらよいか。
　　→以下に引用するのはマネジメントに関する著作からですが，参考になると思います。
　　　「あらゆる組織がことなかれ主義の誘惑にさらされる。組織が健全たるには，高い水準の仕事が必要である。自己目標管理が必要とされ，仕事本位たることが必要とされるのも，仕事の基準を高める必要があるからである。しかしそのためには，成果とは何かを理解しなければならない。成果とは百発百中のことではない。百発百中とは数分しか続けようのない曲芸である。優れた仕事ぶりとは，長期にわたり，多様な仕事で成果を生んでいくことである。当然そこには間違いも含まれる。失敗も含まれる。強味

だけでなく弱みも明らかになる。仕事ぶりは十人十色である。ある者はひどい間違いをせずに，一定の成果をあげる。しかし，とび抜けた成果をあげることはない。ある者は日常は平凡でありながら，危機や転機に際してスターとなる。彼らはいずれも成果をあげる人である。いずれも高く評価しなければならない。だがその仕事ぶりは大きく異なる。信用してならないのは，決して間違いを犯したことのない者，失敗したことのない者である。そのような者は，無難なこと，安全なこと，つまらないことにしか手をつけない。成果が打率であることを知らないならば，横並びを成果とし，弱みがないことを強みと誤解する。そのようなことでは，組織の意欲を失わせ，士気を損なう。人は優れているほど多くの間違いを犯す。優れているほど新しいことを行うからである。」（P.F. ドラッカー〔上田惇生訳〕『マネジメント——課題，責任，実践(中)』〔ダイヤモンド社，2008年〕101頁～102頁）

3. もっとやりがいのある仕事に取り組みたいのに，やりたくない仕事ばかりやらされていて嫌になると感じるときは，どうしたらよいか。
　→裁判官生活に関するアドバイスですが，若手弁護士にも参考になると思われるので，中村治朗『裁判の世界を生きて』（判例時報社，1989年）393頁～394頁を引用します。

　「これから皆さんは，転々と職場が変り，いろいろな仕事をあてがわれることでしょう。その場合自分が望む仕事，やってみたい仕事を常にあてがわれるとは限りません。むしろ自分に不得手な仕事を与えられたり，気の進まない部署につかされることも少なくないかと思います。しかし，それはある意味では自己教育の絶好のチャンスなのです。人間は自分の経験を通じて学ぶことによって成長するものですが，自分の望むような経験，自分が比較的抵抗なく受け入れるような経験だけを選んでいては，自分の成長にも限界が出てきます。ですから，自分の望まない経験をなめさせられる場合の方が，かえってみずから学び，これによって自分を一段と大きく，かつ，豊かにするチャンスとも言えるのであります。だから，厭だと思うことでも，それに正面からぶつかり，全力をもってこれと格闘してみてください。後になってああよかった，あれは自分にとって何ものにもかえ難い経験であったと思いかえすこと必定であるとわたしは思います。これは，わたしの乏しい経験から発する確信であります。……三番目のアド

ヴァイスは，自分にあてがわれた仕事に対して全力投球するということです。これは改めて説明するまでもないと思いますが，何事にせよ，いい加減な気持や態度で事にあたっていては，結局仕事を右から左に流すといった機械的な処理に終り，あとに何も残らないことになります。これに反して，それに全力を注ぎ，自分でなければできないものをそこで実現するというつもりでこれに当れば，単に仕事の結末に対して一種の自己満足を得るというばかりでなく，自分自身にも何かが残るものであります。それこそが自分の成長の糧となるものです。わたしは，あまり他に誇るに足りるものをもってはおりませんが，今まで経てきたいろいろな職場で，常に自分にできるだけの事はするという気持を失わないできたということだけは，自信をもって言い切れます。もし自分が多少とも進歩し，成長したと言えるとすれば，それは今言ったような態度でこれまでやってきたということに負うところが少なくないと，わたしは信じております。」

4. これまで経験したことがない紛争であり，どういう切り口から考えていけばよいのか見当がつかないときは，どうしたらよいか
   → (1) 「民事訴訟実務における実際の仕事の仕方」の「1. 図を描いて考える」「2. 図解して事件を因数分解する」(8頁〜9頁)，「5. 時系列表を作成して事実の流れを視覚化する」「6. 問題を適切に位置付ける」「8. 真剣な議論をする同僚をみつける」(10頁〜11頁) を参照。
   → (2) 実践的ケース3－1の解説 (101頁〜107頁)，同3－2の解説 (110頁〜116頁) を参照。
   → (3) マネジメントに関する著作から引用します。
   「自らが率先して負わないかぎり，他の者に要求しても無駄である。働く者は，組織の側が真剣であって，責任を負い，有能であると信じられなければ，自らの仕事，作業集団，職場コミュニティに責任を負おうとはしない。上司は仕事を知っているものと信じられなければならない。仕事を生産的なものにするためのツールを用意し，仕事の方向づけに必要な情報をフィードバックしてくれるものと信じられなければならない。いい加減な上司ほどやる気を失わせるものはない。人は上司がよい仕事をし，仕事を生産的なものにすることができるようにしてくれることを期待し，要求する。働く者は，真剣で有能な上司をもつ権利を有する。」(ドラッカー〔上田訳〕・前掲(上)339頁〜340頁)

「いかにともに働くかが，個としての人間および働く者としての人間の成長を助けるか妨げるかを左右する。……部下を正しい方向へ導き，より大きく，より豊かな人間にすることが，直接的に，自らがより豊かな人間となるかより貧しい人間となるか，成長するか退化するかを決める。……最近は，愛想をよくすること，人を助けること，人づきあいをよくすることが，マネジメントの資質として重視されている。だがそのようなことで十分なはずはない。事実，うまくいっている組織には，必ず一人は，手をとって助けもせず，人づきあいもよくない者がいる。この種の者は，気難しいくせにしばしば人を育てる。好かれている者よりも尊敬を集める。一流の仕事を要求し，自らにも要求する。基準を高く定め，それを守ることを期待する。何が正しいかだけを考え，誰が正しいかを考えない。」（ドラッカー〔上田訳〕・前掲(中)29頁～30頁）

　「自らの自己啓発に取り組んでいる上司ほどよい手本になるものはない。人は上司を手本とすることによって，自らの強みを伸ばし，必要な経験を積んでいく。部下をくじけさせる上司，人ができないことに目のいく上司，成長につながる経験を積ませてくれない上司ほど，自己啓発の邪魔になるものはない。成長は，常に自己啓発によって行われる。……成長は一人ひとりの人間のものであり，その能力と努力に関わるものである。……人の自己啓発を助けることほど自らの自己啓発に役立つことはない。事実，人の成長に手を貸すことなく自らが成長することはありえない。自らの自らに対する要求水準が上がるのは，人の成長に手を貸すときである。いかなる職業においても，そこで最高の業績を上げている人たちは，自らが訓練し育てた人のことを，自らが残すことのできる最も誇るべき記念碑と見ている。」（ドラッカー〔上田訳〕・前掲(中)66頁～68頁）

5. 相手方の説明がうさん臭く，嘘をついていると直感的に感じるが，決め手となる証拠がないときは，どうしたらよいか

→ (1) 「民事訴訟実務における実際の仕事の仕方」の「5. 時系列表を作成して事実の流れを視覚化する」(10頁) を参照。

→ (2) 実践的ケース2−1の解説の「5」(68頁～71頁) を参照。

6. 論点について判例学説を調査したが，適切なものが見当たらないときは，どうしたらよいか
　　→実践的ケース5-1の解説（163頁〜170頁）を参照。

7. 自分なりに時間とエネルギーを費やして検討して法的構成と結論を出したが，その結果に自信が持てないときは，どうしたらよいか
　　→「民事訴訟実務における実際の仕事の仕方」の「1. 図を描いて考える」「2. 図解して事件を因数分解する」（8頁〜9頁），「5. 時系列表を作成して事実の流れを視覚化する」「6. 問題を適切に位置付ける」「8. 真剣な議論をする同僚をみつける」（10頁〜11頁）を参照。

○ 著者紹介

髙 世 三 郎 （たかせ・さぶろう）
弁護士（狛・グローカル法律事務所　シニアカウンセル）。

1977（昭和 52）年裁判官任官（東京地方裁判所判事補）。その後最高裁判所事務総局民事局付，名古屋地方裁判所判事補，東京地方裁判所判事，最高裁判所事務総局行政局第二課長，同第一課長兼第三課長，東京地方裁判所判事部総括，最高裁判所上席調査官，東京高等裁判所判事，福島地方裁判所長，東京高等裁判所判事部総括，同民事部長官代行を経て，2016（平成 28）年定年退官。

弁護士の紛争解決力
——元裁判官による実践的ケースで学ぶ
For Elevating Analytical Skills Necessary for Any Private Practitioner in Confronting a Legal Dispute – Learn Through Cases Selected for Examining by an Experienced and Recently Retired Judge

2017 年 1 月 30 日　初版第 1 刷発行

著　者　　髙　世　三　郎
発行者　　江　草　貞　治
発行所　　株式会社　有　斐　閣
　　　　　郵便番号 101-0051
　　　　　東京都千代田区神田神保町 2-17
　　　　　電話（03）3264-1311〔編集〕
　　　　　　　（03）3265-6811〔営業〕
　　　　　http://www.yuhikaku.co.jp/

印刷・株式会社暁印刷／製本・牧製本印刷株式会社
©2017, TAKASE Saburou. Printed in Japan

落丁・乱丁本はお取替えいたします。
★定価はカバーに表示してあります。
ISBN 978-4-641-12592-6

[JCOPY] 本書の無断複写（コピー）は，著作権法上での例外を除き，禁じられています。複写される場合は，そのつど事前に，（社）出版者著作権管理機構（電話03-3513-6969, FAX03-3513-6979, e-mail: info@jcopy.or.jp）の許諾を得てください。